北京地区外汇业务办理指南

主　编：李　超
副主编：单　强

中国财政经济出版社

图书在版编目（CIP）数据

北京地区外汇业务办理指南 / 李超主编．—北京：中国财政经济出版社，2013.1

ISBN 978－7－5095－4242－2

Ⅰ．①北…　Ⅱ．①李…　Ⅲ．①外汇业务－北京市－指南　Ⅳ．①F832.63－62

中国版本图书馆 CIP 数据核字（2012）第 320537 号

责任编辑：蔡丽兰　孙　腾　　　　责任校对：张　凡

中国财政经济出版社 出版

URL：http：//www.cfeph.cn

E－mail：cfeph @ cfeph.cn

社址：北京市海淀区阜成路甲 28 号　邮政编码：100142

营销中心电话：88190406　北京财经书店电话：64033436　84041336

北京富生印刷厂印刷

787×1092 毫米　16 开　13.75 印张　200 000 字

2013 年 2 月第 1 版　2013 年 2 月北京第 1 次印刷

印数：1—10 060　定价：39.00 元

ISBN 978－7－5095－4242－2/F·3450

（图书出现印装问题，本社负责调换）

质量投诉电话：88190744

本书编委会

主　　编：李　超

副 主 编：单　强

执行副主编：潘喜英　汪　征

编　　委：赵　宏　史炳栋　毛钢锤　周军明
顾振杰　金　梅　韩　芸　周　丹
江　娟　董　玲　周　丹　许海滨
叶　欢　董　杰　徐　珊　郭振宇
陈　涛　杨京燕

审　　稿：陈　才　许梅英　朱　力　黄　静
李雪飞

序

“寓管理于服务”这几个字，知易行难。

现在大家都在讲外汇管理理念和方式的“五个转变”。我以为，让管理成本由高降低，让服务从被动到主动，让监管流程去繁从简，更加尊重、信任和便利市场主体，如是，“五个转变”理念或许才算真正落到了实处。

编业务指南本身不难，直接套用法规汇编是省力的选择，既往例子也很多，难的是放下身段，突破熟悉的体例和框架，从服务对象的角度去重新架构和讲述我们庞杂的外汇管理政策。《北京地区外汇业务办理指南》打破了按行为监管框架对外汇业务进行条块分割的传统模式，转而从企业、银行、个人和其他机构的视角，按照业务发生的时间顺序，全面梳理了各类主体办理外汇业务的路径图。横看架构清晰，各类主体可根据自身属性按图索骥；纵看逻辑鲜明，特定对象不同业务发展阶段与外汇管理部门产生的交集得到了有序呈现。

本书具有较强针对性、可读性和实用性，是对“五个转变”理念的一次有益实践。希望社会各界能够通过本书了解、遵守和有效使用现行外汇管理政策，同时也能够理解、支持和监督我们的外汇管理工作。

以此为序，特表祝贺。

李超

目　录

第一章

银行业务

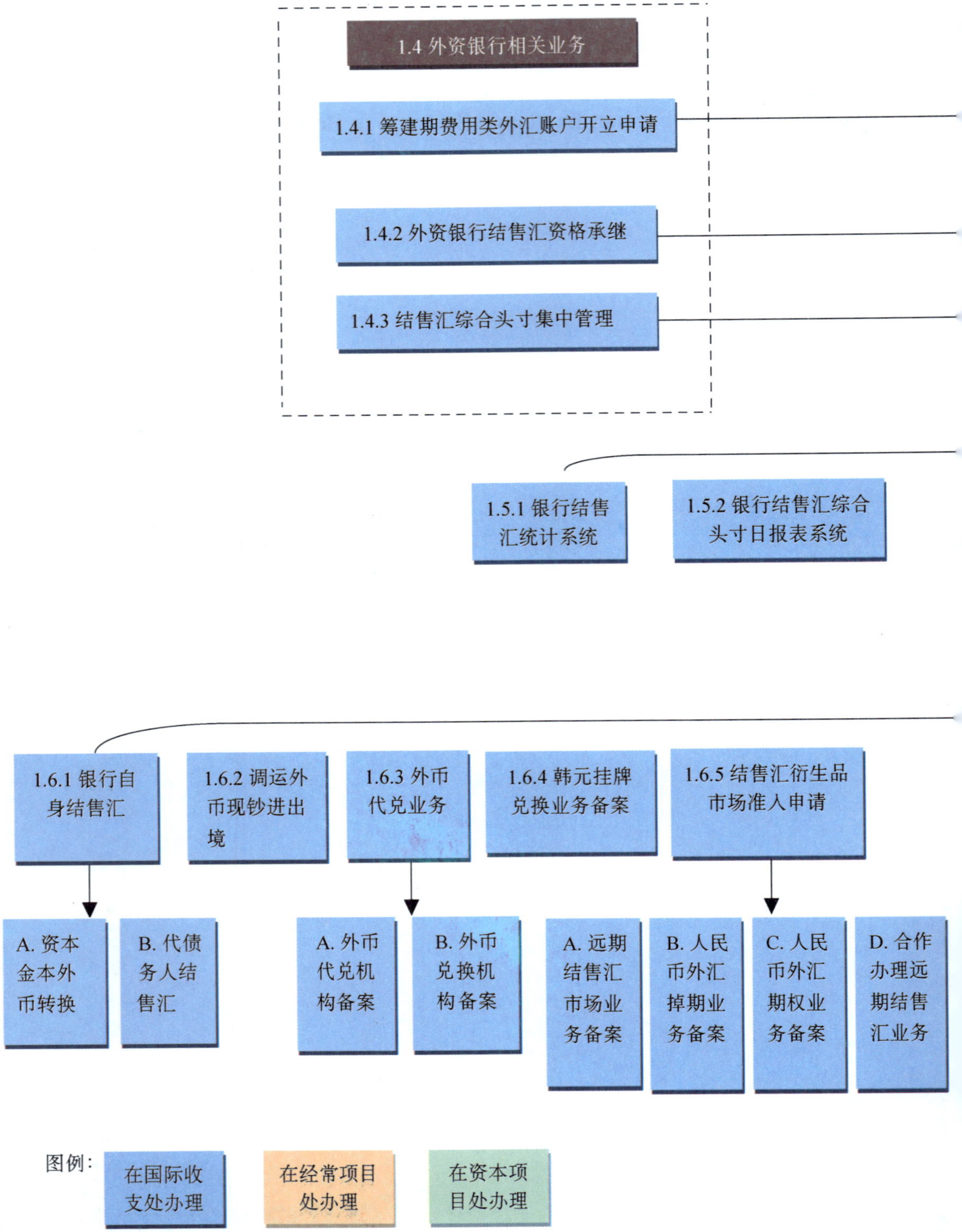
1.4 外资银行相关业务
1.4.1 筹建期费用类外汇账户开立申请
1.4.2 外资银行结售汇资格承继
1.4.3 结售汇综合头寸集中管理
1.5.1 银行结售汇统计系统
1.5.2 银行结售汇综合头寸日报表系统
1.6.1 银行自身结售汇
1.6.2 调运外币现钞进出境
1.6.3 外币代兑业务
1.6.4 韩元挂牌兑换业务备案
1.6.5 结售汇衍生品市场准入申请
A. 资本金本外币转换
B. 代债务人结售汇
A. 外币代兑机构备案
B. 外币兑换机构备案
A. 远期结售汇市场业务备案
B. 人民币外汇掉期业务备案
C. 人民币外汇期权业务备案
D. 合作办理远期结售汇业务
图例：
在国际收支处办理
在经常项目处办理
在资本项目处办理

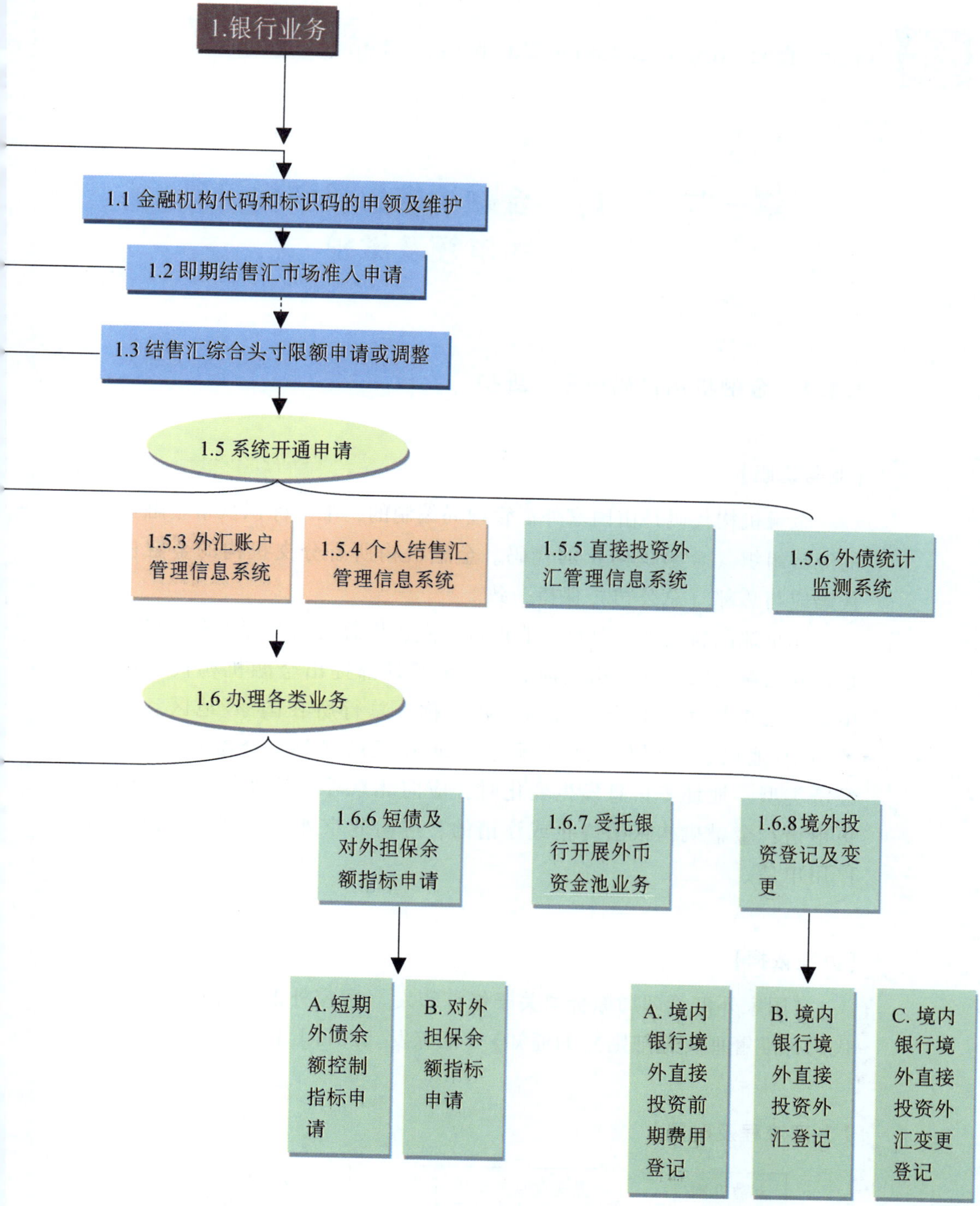
1.银行业务
1.1 金融机构代码和标识码的申领及维护
1.2 即期结售汇市场准入申请
1.3 结售汇综合头寸限额申请或调整
1.5 系统开通申请
1.5.3 外汇账户管理信息系统
1.5.4 个人结售汇管理信息系统
1.5.5 直接投资外汇管理信息系统
1.5.6 外债统计监测系统
1.6 办理各类业务
1.6.6 短债及对外担保余额指标申请
1.6.7 受托银行开展外币资金池业务
1.6.8 境外投资登记及变更
A. 短期外债余额控制指标申请
B. 对外担保余额指标申请
A. 境内银行境外直接投资前期费用登记
B. 境内银行境外直接投资外汇登记
C. 境内银行境外直接投资外汇变更登记

第一节（1.1） 金融机构代码和标识码的申领及维护

1.1.1 金融机构代码申领、维护

【业务说明】

金融机构代码是由国家外汇管理局编制的，唯一标识从事金融业务的经济组织（金融机构）的代码。金融机构所有分支机构的金融机构代码应与总部（总公司）保持一致。

北京地区新设银行总行、非银行金融机构总公司及境外金融机构在京设立的第一家分支机构应向北京外汇管理部提出金融机构代码申领申请；已申领代码的金融机构，如名称、总行所在国家/地区、投资者国别/地区、所属外汇局代码、所属外汇局名称、金融机构类型、经济类型、地址等信息发生变化时，应向北京外汇管理部提出代码变更申请；金融机构依法终止或注销的，应向北京外汇管理部提出代码停用申请。

【办理依据】

《国家外汇管理局综合司关于修订印发〈国家外汇管理局信息系统代码标准管理实施细则〉的通知》（汇综发［2011］131号）。

【办理流程及时限】

办理时限：申请材料齐备之日起4个工作日内。

【提交材料】

一、申领：

1. 金融机构代码申领表；

2. 组织机构代码证、营业执照正本或副本复印件；

3. 有关行业主管部门批准其成立的批复文件和证件等材料的复印件，证件类型包括但不限于金融许可证、经营保险业务许可证、证券经营机构营业许可证和基金管理资格证书。

上述所有书面材料需加盖单位公章。

二、信息变更：

1. 金融机构代码维护申请表；

2. 组织机构代码证、营业执照正本或副本复印件；

3. 有关行业主管部门批准其成立的批复文件和证件等材料的复印件，证件类型包括但不限于金融许可证、经营保险业务许可证、证券经营机构营业许可证和基金管理资格证书。

上述所有书面材料需加盖单位公章。

三、停用：

1. 金融机构代码维护申请表；

2. 有关行业主管部门批准其关闭的批复文件复印件。

上述所有书面材料需加盖单位公章。

1.1.2 金融机构标识码申领、维护

【业务说明】

金融机构标识码是由国家外汇管理局编制的，唯一标识金融机构总部（总公司）及其分支机构的代码。每个金融机构总部（总公司）或分支机构均应拥有一个唯一的金融机构标识码。金融机构标识码初始赋码发布后不得变更。

辖内金融机构在办理外汇业务前应向北京外汇管理部申领金融机构标识码。已申领标识码的金融机构，如名称、组织机构代码、行业主管部门颁发证书的编号、工商营业执照号码、所属外汇局代码、上级行代码、地址等信息要素发生变化时，应向北京外汇管理部提交变更申请。

金融机构依法终止或注销的，应由其上级机构到北京外汇管理部办理标识码停用手续。

【办理依据】

《国家外汇管理局综合司关于修订印发〈国家外汇管理局信息系统代码标准管理实施细则〉的通知》（汇综发［2011］131 号）。

【办理流程及时限】

金融机构准备材料 → 提交北京外汇管理部国际收支处审核 → 北京外汇管理部出具金融机构标识码赋码通知单

办理时限：申请材料齐备之日起 2 个工作日内。

【提交材料】

一、申领：

1. 金融机构标识码申领表；

2. 组织机构代码证、营业执照正本或副本复印件；

3. 有关行业主管部门批准其成立的批复文件或证书等材料的复印件。

上述所有书面材料需加盖单位公章。

二、信息变更：

1. 金融机构标识码维护申请表；

2. 组织机构代码证、营业执照正本或副本复印件；

3. 有关行业主管部门批准其成立的批复文件或证书等材料的复印件。

上述所有书面材料需加盖单位公章。

三、停用：

1. 金融机构标识码维护申请表；

2. 有关行业主管部门批准其关闭的批复文件复印件。

上述所有书面材料需加盖单位公章。

【注意事项】

金融机构因合并、分立而产生的金融机构标识码的保留、申领与废止，应该根据实际情况向北京外汇管理部提出金融机构标识码申领或停用申请，并详细说明有关合并或分立情况，以及被停用金融机构的历史数据如何处理。

对因迁址所引起的所在地外汇局代码发生变更的，金融机构应分别向迁出地和迁入地外汇局申请信息变更。

第二节（1.2） 即期结售汇市场准入申请

1.2.1 核准制准入

【业务说明】

辖内城市商业银行总行、农村商业银行总行、外商独资银行总行、中外合资银行总行、外国银行分行、农村合作金融机构（农村信用社、农村信用合作联社、农村信用合作社联合社和农村合作银行）总行经营结售汇业务应向北京外汇管理部申请核准。

【办理依据】

1.《外汇指定银行办理结汇、售汇业务管理暂行办法》（中国人民银行令［2002］第4号）；

2.《国家外汇管理局关于调整银行即期结售汇业务市场准入和退出管理方式的通知》（汇发［2007］20号）。

【办理流程及时限】

银行准备材料 → 提交北京外汇管理部国际收支处审核 → 现场验收 → 北京外汇管理部出具批复

办理时限：验收合格之日起20个工作日内。

【提交材料】

1. 书面申请（基本情况、准备情况等）；

2. 金融许可证复印件；

3. 经营结售汇业务的内部管理规章制度（结售汇业务操作规程；结售汇业务单证管理制度；结售汇业务统计报告制度；结售汇头寸管理制度；结售汇业务会计科目和核算办法；结售汇业务内部审计制度和从业人员岗位责任制度；结售汇业务授权管理制度等）；

4. 开办即期对私结售汇业务需提交相应网点已安装个人本外币兑换统一标识的图片；

5. 农村合作金融机构申请经营结售汇业务，应提交银行业监督管理机构批准经营外汇业务的许可文件复印件；

6. 北京外汇管理部要求的其他相关材料。

上述所有书面材料需加盖单位公章。

1.2.2 备案制准入

【业务说明】

除需按核准制进入即期结售汇市场的银行外，其余银行的分支机构（含农村信用合作社联合社辖内的农村信用社）经营结售汇业务应事前向北京外汇管理部备案。

【办理依据】

1. 《外汇指定银行办理结汇、售汇业务管理暂行办法》（中国人民银行令［2002］第4号）；

2. 《国家外汇管理局关于调整银行即期结售汇业务市场准入和退出管理方式的通知》（汇发［2007］20号）。

【办理流程及时限】

办理时限：申请材料齐备或验收合格之日起20个工作日内。

【提交材料】

1. 银行经营即期结售汇业务备案表一式两份；

2. 开办即期对私结售汇业务需提交相应网点已安装个人本外币兑换统一标识的图片。

【注意事项】

政策性银行北京（市）分行、全国性商业银行（国有商业银行和股份制商业银行）北京（市）分行、北京城市商业银行、北京农村商业银行、外商独资银行北京分行、中外合资银行北京分行、外国银行北京分行、农村合作金融机构北京分行即期结售汇正式开业前须经过现场验收。

1.2.3　信息变更

【业务说明】

辖内经营结售汇业务的银行如发生机构名称、营业地址变更等情况，应在机构信息变更正式确认后的20个工作日内向北京外汇管理部备案。

【办理依据】

1.《外汇指定银行办理结汇、售汇业务管理暂行办法》（中国人民银行令［2002］第4号）；

2.《国家外汇管理局关于调整银行即期结售汇业务市场准入和退出管理方式的通知》（汇发［2007］20号）。

【办理流程及时限】

银行准备材料 → 提交北京外汇管理部国际收支处审核 → 北京外汇管理部办理备案

办理时限：申请材料齐备之日起 20 个工作日内。

【提交材料】

银行经营即期结售汇业务机构信息变更备案表一式两份。

1.2.4 业务停办

【业务说明】

辖内银行停止经营结售汇业务，应提前 20 个工作日，由停办业务行或者授权其开办结售汇业务的上级行向北京外汇管理部备案。

【办理依据】

1.《外汇指定银行办理结汇、售汇业务管理暂行办法》（中国人民银行令［2002］第 4 号）；

2.《国家外汇管理局关于调整银行即期结售汇业务市场准入和退出管理方式的通知》（汇发［2007］20 号）。

【办理流程及时限】

银行准备材料 → 提交北京外汇管理部国际收支处审核 → 北京外汇管理部办理备案

办理时限：申请材料齐备之日起 20 个工作日内。

【提交材料】

银行停办即期结售汇业务备案表一式两份。

第三节（1.3） 结售汇综合头寸限额申请或调整

【业务说明】

银行结售汇综合头寸是指外汇指定银行持有的因人民币与外币间交易形成的外汇头寸，由银行办理符合外汇管理规定的对客户结售汇业务、自身结售汇业务和参与银行间外汇市场交易所形成。辖内城市商业银行、农村商业银行、农村合作金融机构、外资银行应当自取得结汇、售汇业务经营资格之日起30个工作日内向北京外汇管理部申请核定头寸限额。银行因结汇、售汇业务量发生较大变化，需调整头寸限额时，应向北京外汇管理部提出书面申请。未经批准，银行不得擅自调整头寸限额。上限超过10亿美元（含）及在银行间外汇市场行使做市商职能的银行的头寸限额由北京外汇管理部初审后报国家外汇管理局核定。

【办理依据】

《国家外汇管理局关于银行结售汇综合头寸管理有关问题的通知》（汇发［2010］56号）。

【办理流程及时限】

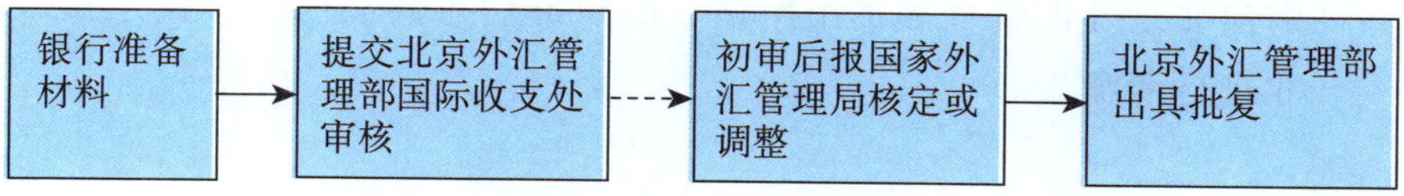

办理时限：申请材料齐备或收到国家外汇管理局批复之日起20个工作日内。

【提交材料】

1. 书面申请（基本情况、申请原因等）；
2. 核定或者调整结售汇综合头寸限额的测算依据（银行应根据实

际经营需要、代客结售汇及收付汇业务量、本外币资本金（或者营运资金）以及资产状况等进行测算）；

3. 申请前上年末境内本外币合并及境内外币资产负债表；

4. 银行结售汇业务资格批复复印件；

5. 外资银行还需提交：银行业监督管理机构对外资金融机构在境内常驻机构批准书复印件；已开办人民币业务的外资银行首次申请核定结售汇综合头寸限额，应提交银行业监督管理机构批准办理人民币业务的许可文件复印件；

6. 北京外汇管理部要求的其他相关材料。

上述所有书面材料需加盖单位公章。

【注意事项】

1. 外资银行自银行业监督管理机构批准办理人民币业务后30个工作日内，应向北京外汇管理部申请核定结售汇综合头寸限额；

2. 外资银行自获准限额之日起10个工作日内，应向中国人民银行营业管理部申请关闭结售汇人民币专用账户；

3. 银行应于每个工作日上午10：00之前，通过国家外汇管理局应用服务平台上报上一工作日的结售汇综合头寸日报表（应用服务平台访问地址：http：//asone. safe：9101/asone/）；

4. 银行主动申请停办结汇、售汇业务或因违规经营被外汇局取消结汇、售汇业务经营资格的，应自停办结汇、售汇业务起30个工作日内向北京外汇管理部提出申请，经核准后对其截至该业务停办之日的头寸进行清盘。

第四节（1.4） 外资银行相关业务

1.4.1 筹建期费用类外汇账户开立申请

【业务说明】

外国银行在辖内筹建分支机构或子行，可凭银行业监督管理机构批准筹备的文件向北京外汇管理部申请在辖内商业银行开立外汇账户，用于筹备期间的费用开支。

【办理依据】

《国家外汇管理局关于完善银行自身结售汇业务管理有关问题的通知》（汇发［2011］23号）。

【办理流程及时限】

办理时限：申请材料齐备之日起20个工作日内。

【提交材料】

1. 书面申请；
2. 银行业监督管理机构批准外国银行成立境内分支机构或子行的筹建机构的相关文件复印件；
3. 注册资本金（或营运资金）证明；
4. 北京外汇管理部要求的其他相关材料。

上述所有书面材料需加盖单位公章。

【注意事项】

筹建期间汇入账户资金累计不得超过拟设立机构注册资本金（或营运资金）的5%；账户结汇可直接向开户行提供有关真实性单证，由开户行审核后办理；筹备结束，账户剩余资金应原路退回或抵作资本金（或营运资金），并注销相应账户。上述账户不作为境外机构境内外汇账户（NRA账户）管理，资金余额不占用开户行短期外债指标。

1.4.2　外资银行结售汇资格承继

【业务说明】

辖内改制后的外商独资银行承继原外国银行分行已经获准经营的即期结售汇、远期结售汇、人民币与外币掉期以及其他人民币对外币衍生业务等资格，应向北京外汇管理部申请办理变更登记。

外商独资银行的分行承继在改制前已经获准经营的相关结售汇及人民币对外币衍生业务资格，应向北京外汇管理部申请办理变更登记。

【办理依据】

《国家外汇管理局关于外资银行改制所涉及外汇管理有关问题的通知》（汇发［2007］15号）。

【办理流程及时限】

办理时限：申请材料齐备之日起20个工作日内。

【提交材料】

1. 书面申请；
2. 银行业监督管理机构批准银行改制的文件复印件；
3. 银行已获准经营结售汇业务资质的证明材料；
4. 北京外汇管理部要求的其他相关材料。

上述所有书面材料需加盖单位公章。

1.4.3 外国银行分行结售汇综合头寸集中管理

【业务说明】

在境内有两家以上分行的外国银行，可由外国银行总行或地区总部授权一家境内分行（以下简称集中管理行），对境内各分行头寸实行集中管理。集中管理行是北京分行的，应由其向北京外汇管理部提出集中管理和头寸限额核定或调整申请，经现场考察和验收合格后予以核准。集中管理行在银行间外汇市场行使做市商职能的，头寸限额应由北京外汇管理部初审后报国家外汇管理局核定。

外国银行分行实行头寸集中管理后，境内所有分支行原有头寸纳入集中管理行的头寸管理，由集中管理行统一平盘和管理。若有新增外国银行分支行纳入头寸集中管理，集中管理行及新增分支行应提前 10 个工作日分别向各自所在地外汇分局报备。

【办理依据】

《国家外汇管理局关于银行结售汇综合头寸管理有关问题的通知》（汇发［2010］56 号）。

【办理流程及时限】

办理时限：申请材料齐备且现场考察和验收合格或收到国家外汇管理局批复之日起 20 个工作日内。

【提交材料】

1. 书面申请（基本情况、申请原因、测算依据等）；
2. 其总行同意实行头寸集中管理的授权函；

3. 银行业监督管理机构对外资金融机构在境内常驻机构批准证书复印件；

4. 该外国银行对结售汇综合头寸实施集中管理的内部管理制度、会计核算办法以及技术支持情况说明；

5. 申请核定或调整头寸限额的，还需提交申请前上年末的境内本外币合并及境内外币资产负债表；

6. 北京外汇管理部要求的其他相关材料。

上述所有书面材料需加盖单位公章。

【注意事项】

1. 集中管理行在申请或调整头寸限额时，其测算依据应使用该外国银行境内全部分支行的汇总数据；

2. 外国银行分行实行集中管理后，若集中管理行和纳入集中管理的其他分支行均未开办人民币业务，适用《国家外汇管理局关于银行结售汇综合头寸管理有关问题的通知》（汇发［2010］56号）第五部分的相关规定。若集中管理行已开办人民币业务，境内其他分支行尚未开办人民币业务，则未开办人民币业务的分支行仍适用汇发［2010］56号文件第五部分的相关规定，但其结售汇人民币专用账户余额折算为美元以负值计入集中管理行的头寸；

3. 银行应于每个工作日上午10：00之前，通过国家外汇管理局应用服务平台上报上一工作日的结售汇综合头寸日报表（应用服务平台访问地址：http：//asone. safe：9101/asone/）。

第五节（1.5）　系统开通申请

1.5.1　银行结售汇统计系统

【业务说明】

辖内外汇指定银行应至迟在办理首笔结售汇业务（含银行自身及

代客业务，不含银行间市场交易和外币间兑换业务）的当旬，向北京外汇管理部申请开通此系统，以保证按时上报结售汇数据。

【办理流程】

【提交材料】

银行结售汇统计系统、结售汇综合头寸系统开通申请表。

【注意事项】

系统开通后实行零报送制度。

1.5.2 银行结售汇综合头寸日报表系统

【业务说明】

辖内具备结售汇资格、并申请了结售汇综合头寸限额的城市商业银行、农村商业银行、农村合作金融机构、外资银行，应在首笔结售汇业务（含银行自身、代客、银行间市场交易业务）发生前1至3个工作日向北京外汇管理部申请开通此系统，以保证按时上报报表。

【办理流程】

【提交材料】

银行结售汇统计系统、结售汇综合头寸系统开通申请表。

【注意事项】

系统开通后实行零报送制度。

1.5.3 外汇账户管理信息系统

【业务说明】

为提高外汇相关数据报送效率，减轻外汇指定银行工作量，辖内外汇指定银行可向北京外汇管理部申请加入外汇账户管理信息系统。

【办理依据】

1. 《国家外汇管理局关于推广使用外汇账户管理信息系统的通知》（汇发［2002］82号）；

2. 《国家外汇管理局综合司关于印发〈外汇账户管理信息系统银行接口程序规范性要求（试行）〉的通知》（汇综发［2004］127号）。

【办理流程】

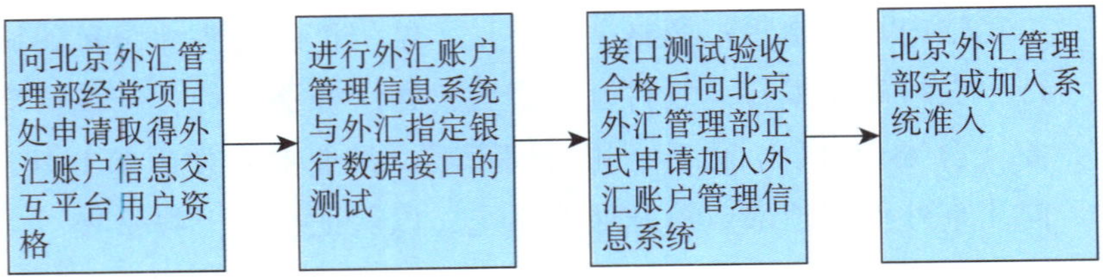

【提交材料】

1. 书面申请；
2. 金融业机构标识码申领通知复印件；
3. 外汇账户数据报送业务相关的内控制度及操作规程。

所有书面材料需加盖单位公章。

1.5.4 个人结售汇管理信息系统

【业务说明】

辖内外汇指定银行取得国际收支处出具的银行经营即期结售汇业务备案表后，应申请加入个人结售汇系统。

【办理依据】

《国家外汇管理局关于印发〈个人外汇管理办法实施细则〉的通知》（汇发［2007］1号）。

【办理流程及时限】

办理时限：申请材料齐备之日起5个工作日内。

【提交材料】

加盖单位公章的银行经营即期结售汇业务备案表复印件。

1.5.5 直接投资外汇管理信息系统

【业务说明】

辖内各外汇指定银行及其分支机构办理外商投资企业直接投资业务前，应向北京外汇管理部申请加入直接投资外汇管理信息系统。

【办理依据】

1.《国家外汇管理局关于直接投资外汇业务信息系统全国推广上线准备事宜的通知》（汇发［2008］13号）；

2.《国家外汇管理局关于直接投资外汇业务信息系统全国推广上线有关问题的通知》(汇发［2008］16号)。

【办理流程及时限】

办理时限：申请材料齐备之日起20个工作日内。

【提交材料】

1. 书面申请；

2. 直接投资外汇业务信息系统银行网点信息登记表（可到北京外汇管理部网址下载）；

3. 金融机构标识码申领结果通知原件及复印件。

上述所有书面材料需加盖单位公章。

1.5.6 外债统计监测系统

【业务说明】

辖内外汇指定银行办理外债业务前应向北京外汇管理部申请加入外债统计监测系统。

【办理依据】

《国家外汇管理局关于推广外债统计监测系统（银行版）和调整外债数据报送要求的通知》(汇发［2005］78号)。

【办理流程及时限】

办理时限：申请材料齐备之日起20个工作日内。

【提交资料】

1. 书面申请；
2. 营业执照副本原件及复印件；
3. 组织机构代码证原件及复印件；
4. 银行业监督管理机构关于机构设立的批复和批准证书原件及复印件；
5. 北京外汇管理部要求的其他相关材料。

上述所有书面材料需加盖单位公章。

第六节（1.6） 办理各类业务

1.6.1 银行自身结售汇业务

自身结售汇业务是指银行因自身经营活动而产生的人民币与外币之间的兑换业务，不包括银行为客户办理的结售汇业务和在银行间外汇市场进行的结售汇综合头寸平盘交易。

不具备结售汇业务资格银行的自身结售汇业务，必须通过其他具备结售汇业务资格的银行办理；具备结售汇业务资格银行的自身结售汇业务，不得通过其他银行办理。

A. 资本金本外币转换

【业务说明】

辖内银行资本金（或营运资金）本外币转换应向北京外汇管理部申请。

【办理依据】

《国家外汇管理局关于完善银行自身结售汇业务管理有关问题的通

知》（汇发［2011］23 号）。

【办理流程及时限】

银行准备材料 → 提交北京外汇管理部国际收支处审核 → 北京外汇管理部出具批复

办理时限：申请材料齐备之日起 20 个工作日内。

【提交材料】

1. 书面申请（基本情况、测算依据等）；

2. 经审计的最近一期人民币和外币资产负债表；

3. 相关交易需经银行业监督管理机构批准的，应提供相应批准文件复印件；

4. 北京外汇管理部要求的其他相关材料。

上述所有书面材料需加盖单位公章。

【注意事项】

1. 完成本外币转换后的“（外汇所有者权益＋外汇营运资金）/外汇资产”与“（人民币所有者权益＋人民币营运资金）/人民币资产”基本相等；

2. 上述数据按银行境内机构的资产负债表计算，不包括境外关联行；营运资金和所有者权益不重复计算；计算外汇所有者权益时应扣除未分配外汇利润；计算外汇资产可扣除部分政策性因素形成的外汇资产；计算人民币资产，应对其中的存放同业和拆放同业取结汇申请前四个季度末的平均数；

3. 新开办外汇业务的中资银行或新开办人民币业务的外资银行，首次可申请将不超过 10% 的资本金进行本外币转换；

4. 银行业监督管理机构对资本金币种有明确要求或其他特殊情况的，可不受第 1 条限制；

5. 辖内银行应按要求向北京外汇管理部报送银行资本金（营运资金）本外币转换计划。

B. 代债务人结售汇

【业务说明】

辖内银行经营业务过程中收回资金（含利息）与原始发放资金本外币不匹配，且需要代债务人结售汇的，应向北京外汇管理部提出申请。

【办理依据】

《国家外汇管理局关于完善银行自身结售汇业务管理有关问题的通知》（汇发［2011］23号）。

【办理流程及时限】

办理时限：申请材料齐备之日起20个工作日内。

【提交材料】

1. 书面申请（基本情况、申请原因等）；

2. 证明与债务人债权关系的书面材料（合同、凭证、法院判决等）；

3. 证明结售汇资金来源的书面材料（资金到账证明等）；

4. 外汇管理规定要求登记备案的，应提供相应手续；

5. 北京外汇管理部要求的其他相关材料。

上述所有书面材料需加盖单位公章。

【注意事项】

1. 境外银行境内追索贷款等发生资产币种与回收币种本外币不匹配的，可委托境内关联行申请办理代债务人结售汇业务；

2. 银行依法转让境内股权发生本外币不匹配的，可申请办理代债务人结售汇业务。

1.6.2 调运外币现钞进出境

【业务说明】

辖内银行经营外汇业务收付外币现钞（可自由兑换货币纸币及硬币）调出境外或从境外调入，应按照相关规定将其名称及有权签字人签字样本报送国家外汇管理局和海关总署以及指定的外币现钞进出境口岸海关备案，备案后应向北京外汇管理部申领银行调运外币现钞进出境许可证。

【办理依据】

《国家外汇管理局关于下发〈银行调运外币现钞进出境管理规定〉的通知》（汇函［1998］65号）。

【办理流程及时限】

办理时限：申请材料齐备情况下，现场领取。

【提交材料】

1. 银行介绍信；
2. 经办人员个人身份有效证件及复印件。

上述所有书面材料需加盖单位公章。

【注意事项】

1. 银行及其授权分行应于每月5日前将上月使用的许可证第二联送还北京外汇管理部备案。银行再次申领新的许可证时，北京外汇管理部将根据许可证第二联送交情况核发新证；

2. 银行丢失许可证的，应当及时向北京外汇管理部和外币现钞进出境口岸海关备案，所丢失的许可证不得凭以办理外币现钞进出境。因填写错误等原因需作废的许可证，银行不得自行销毁，应全部交回北京外汇管理部；

3. 银行如需在北京、上海、福州、广州、深圳以外的其他口岸办理外币进出境手续，应由其总行事前报国家外汇管理局核准后报海关总署备案，外资银行应通过所在地外汇局报国家外汇管理局核准后报海关总署备案。由海关总署通知有关口岸海关办理审核验放手续。

1.6.3 外币代兑业务

A. 外币代兑机构备案

a. 银行授权外币代兑机构开办业务备案

【业务说明】

外币代兑机构，是指与具有外币兑换（或结售汇）业务经营资格的银行及其分支行签订协议，经银行授权办理外币兑换业务的境内企业法人机构。辖内银行授权外币代兑机构办理外币兑换业务，必须与外币代兑机构签订授权办理外币兑换业务的书面协议，明确双方的权利义务以及纠纷处理原则，并向北京外汇管理部备案。

【办理依据】

1. 《外币代兑机构管理暂行办法》（中国人民银行令［2003］第6号）；

2. 《国家外汇管理局关于改进外币代兑机构外汇管理有关问题的通知》（汇发［2007］48号）；

3. 《国家外汇管理局关于进一步完善个人本外币兑换有关外汇管理问题的通知》（汇发［2008］24号）。

【办理流程及时限】

银行准备材料 → 提交北京外汇管理部国际收支处审核 → 北京外汇管理部出具确认函

办理时限：申请材料齐备之日起20个工作日内。

【提交材料】

1. 书面申请（银行授权代兑机构办理外币兑换业务的说明等）；

2. 银行制定的统一的系统内部委托办理外币兑换业务的管理制度及风险控制制度；

3. 外币代兑机构的基本情况说明；

4. 外币代兑机构的营业执照及组织机构代码证复印件；

5. 已签订的授权办理外币兑换业务的书面协议；

6. 外币代兑机构结汇水单和业务用章样本；

7. 在营业场所悬挂“××银行（授权银行名称）外币代兑机构”铭牌、外币兑换牌价显示及个人本外币兑换标识的图片；

8. 境内非独立法人机构签订外币代兑协议需提交其法人机构授权文件；

9. 北京外汇管理部要求的其他相关材料。

上述所有书面材料需加盖单位公章。

【注意事项】

1. 境内非独立法人机构签订外币代兑协议须经法人机构授权；

2. 代兑机构只能与同城的一家银行签订授权办理外币兑换业务协议，不得与多家银行或异地的银行签订授权办理外币兑换业务协议办理外币兑换业务。代兑机构可以与签约银行协议约定设置多家外币兑换业务经营场所。

b. 外币代兑机构信息变更备案

【业务说明】

如辖内外币代兑机构名称、经营地点、法定代表人等相关信息发生变更，授权银行应向北京外汇管理部申请办理信息变更。

【办理依据】

《外币代兑机构管理暂行办法》（中国人民银行令［2003］第6号）。

【办理流程及时限】

银行准备材料 → 提交北京外汇管理部国际收支处审核 → 北京外汇管理部出具确认函

办理时限：申请材料齐备之日起20个工作日内。

【提交材料】

1. 书面申请；
2. 外币代兑机构信息变更的相关证明；
3. 北京外汇管理部要求的其他相关材料。

上述所有书面材料需加盖单位公章。

c. 外币代兑机构业务终止备案

【业务说明】

辖内银行终止与外币代兑机构的授权办理外币兑换业务协议，应在协议终止后10日内向北京外汇管理部备案。

【办理依据】

《外币代兑机构管理暂行办法》（中国人民银行令［2003］第6号）。

【办理流程及时限】

银行准备材料 → 提交北京外汇管理部国际收支处审核 → 北京外汇管理部出具确认函

办理时限：申请材料齐备之日起20个工作日内。

【提交材料】

1. 书面申请；

2. 银行终止授权外币代兑机构办理外币兑换业务的证明；

3. 银行按照相关规定将外币代兑机构外币兑换专用章、外币兑换铭牌、旅行支票划线章和未使用的外币兑换证明等重要空白凭证及外币兑换备付金收回的证明或说明；

4. 北京外汇管理部要求的其他相关材料。

上述所有书面材料需加盖单位公章。

B. 外币兑换机备案

a. 新增外币兑换机备案

【业务说明】

辖内具备条件的银行（包括与银行签约的外币代兑机构、获得个人本外币兑换特许业务试点的经营机构）使用外币兑换机办理兑换业务，应事前向北京外汇管理部备案。

【办理依据】

《国家外汇管理局北京外汇管理部关于使用外币兑换机开展兑换业务有关问题的通知》（京汇［2009］315号）。

【办理流程及时限】

办理时限：申请材料齐备之日起20个工作日内。

【提交材料】

银行（机构）使用外币兑换机开展兑换业务情况备案表（银行和

个人本外币兑换特许机构填写一式两份，外币代兑机构填写一式三份）。

【注意事项】

银行和个人本外币兑换特许机构每月月初5个工作日内应向北京外汇管理部报送外币兑换机业务情况统计表。

b. 撤销、迁址、更换已设置外币兑换机备案

【业务说明】

银行、个人本外币兑换特许机构、外币代兑机构撤销、迁址、更换已设置外币兑换机，应事前向北京外汇管理部备案。

【办理依据】

《国家外汇管理局北京外汇管理部关于使用外币兑换机开展兑换业务有关问题的通知》（京汇［2009］315号）。

【办理流程及时限】

银行准备材料 → 提交北京外汇管理部国际收支处审核 → 北京外汇管理部办理备案

办理时限：申请材料齐备之日起20个工作日内。

【提交材料】

银行（机构）使用外币兑换机开展兑换业务情况备案表（银行和个人本外币兑换特许机构填写一式两份，外币代兑机构填写一式三份）。

【注意事项】

银行和个人本外币兑换特许机构每月月初5个工作日内应向北京外汇管理部报送外币兑换机业务情况统计表。

1.6.4 韩元挂牌兑换业务备案

【业务说明】

辖内城市商业银行、农村商业银行、农村合作金融机构和外资银行开展对客户的韩元挂牌（包括现汇和现钞）兑换业务的同时，应向北京外汇管理部备案，并于每季度后10个工作日内报送该项业务的开展情况。

【办理依据】

《国家外汇管理局关于境内外汇指定银行办理韩元挂牌兑换业务有关事项的通知》（汇发［2006］45号）。

【办理流程及时限】

办理时限：收到备案书后当场办理。

【提交材料】

韩元挂牌兑换业务备案书（业务开展时间、开展情况等）。

1.6.5 结售汇衍生品市场准入申请

A. 远期结售汇市场业务备案

【业务说明】

辖内符合规定条件的城市商业银行、农村商业银行、农村合作银行及外资银行办理远期结售汇业务，其法人应向北京外汇管理部提出申请，经北京外汇管理部初审后报国家外汇管理局备案。

辖内银行分支机构办理远期结售汇业务，凭其法人书面授权文件向北京外汇管理部备案。

【办理依据】

1.《中国人民银行关于扩大外汇指定银行对客远期结售汇业务和开办人民币与外币掉期业务有关问题的通知》（银发［2005］201号）；

2.《国家外汇管理局关于印发〈外汇指定银行对客远期结售汇业务和人民币与外币掉期业务备案操作指引〉的通知》（汇发［2005］70号）；

3.《国家外汇管理局关于外汇指定银行对客远期结售汇业务和人民币与外币掉期业务有关外汇管理问题的通知》（汇发［2006］52号）。

【办理流程及时限】

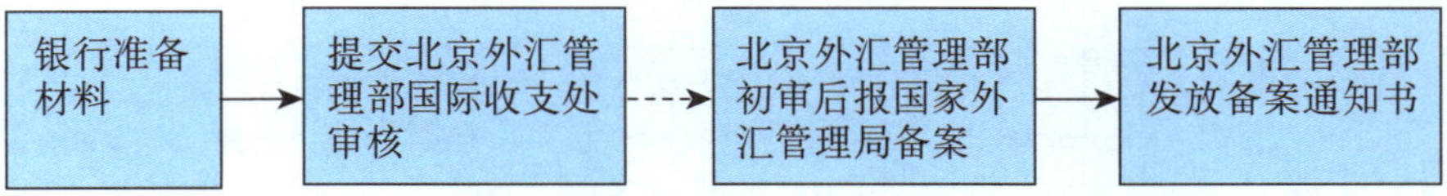

办理时限：申请材料齐备或收到国家外汇管理局批复之日起20个工作日内。

【提交材料】

1. 书面申请；

2. 银行业监督管理机构同意开办衍生产品交易业务的批准文件复印件；

3. 远期结售汇业务内部管理规章制度（业务操作规程、统计报告制度、风险敞口和头寸平盘管理制度、定价管理制度、会计核算制度等）；

4. 即期结售汇业务资格证明文件复印件；

5. 银行分支机构除第1项和第4项外，还需提供法人业务资格备案文件及法人的授权文件；

6. 北京外汇管理部要求的其他相关材料。

上述所有书面材料需加盖单位公章。

【注意事项】

外国银行在中国境内两家以上分行拟办理远期结售汇业务，并由其在中国境内分行的主报告行履行备案手续的，各分行均应符合结售汇业务资格、经营合规性，以及对备案材料的相关要求。

B. 人民币外汇掉期业务备案

【业务说明】

已获准办理远期结售汇业务6个月以上的城市商业银行、农村商业银行、农村合作银行及外资银行办理人民币外汇掉期业务，其法人应向北京外汇管理部申请，经北京外汇管理部初审后报国家外汇管理局备案。

辖内银行分支机构办理人民币外汇掉期业务，凭其法人书面授权文件向北京外汇管理部备案。

【办理流程及时限】

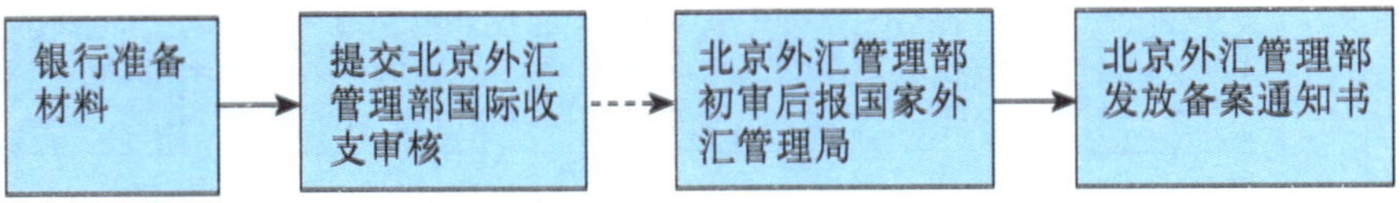

办理时限：申请材料齐备或收到国家外汇管理局批复之日起20个工作日内。

【提交材料】

参照远期结售汇业务备案材料的相关要求，凡与远期结售汇业务备案材料一致的可不重复报送，但应注明与远期结售汇业务相同。

C. 人民币外汇期权业务备案

【业务说明】

辖内银行开办人民币对外汇期权业务（仅限普通欧式期权），应向北京外汇管理部申请备案。

【办理依据】

《国家外汇管理局关于人民币对外汇期权交易有关问题的通知》（汇发［2011］8号）。

【办理流程及时限】

银行准备材料 → 提交北京外汇管理部国际收支处审核 → 北京外汇管理部办理备案

办理时限：申请材料齐备之日起20个工作日内。

【提交材料】

1. 书面申请（可行性报告、业务计划书等）；

2. 期权业务内部管理规章制度（业务操作流程、统计报告制度、会计核算制度、头寸管理制度等）；

3. 期权定价模型（计量方法和各项参数的选取标准及来源等）；

4. 期权主管人员和主要交易人员名单、履历及所获得的相关资格证书复印件；交易场所、设备和系统的安全性测试报告以及不少于1个月的内部业务模拟测试报告；

5. 远期结售汇业务资格证明文件复印件；

6. 银行分支机构除第1项和第5项外，还需提供法人业务资格备案文件及法人的授权文件；

7. 北京外汇管理部要求的其他相关材料。

上述所有书面材料需加盖单位公章。

【注意事项】

银行应按照相关要求报送期权业务相关统计报表。

D. 合作办理远期结售汇业务备案

【业务说明】

辖内不具备经营远期结售汇业务资格的银行及其分支机构与具备经营远期结售汇业务资格的银行及其分支机构，合作为客户办理远期结售汇相关业务，应向北京外汇管理部申请备案。

【办理依据】

《国家外汇管理局关于合作办理远期结售汇业务有关问题的通知》

（汇发［2010］62号）。

【办理流程及时限】

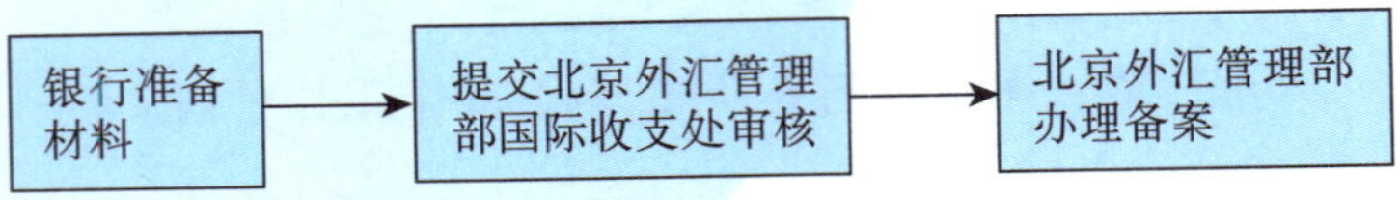

办理时限：申请材料齐备之日起20个工作日内。

【提交材料】

1. 书面申请；

2. 合作办理远期结售汇业务相关管理制度（业务操作流程、内部职责分工、统计报告制度、风险控制措施、会计核算制度等）；

3. 与具备远期结售汇业务资格银行签订的合作协议书范本；

4. 上年度外汇资产负债表（季报）；

5. 即期结售汇业务资格证明文件复印件；

6. 申请人为分支机构的还需提交其总行（或总社）获准合作办理远期结售汇业务备案通知书复印件及其总行（或总社）的授权文件；

7. 北京外汇管理部要求的其他相关材料。

上述所有书面材料需加盖单位公章。

【注意事项】

1. 银行应按照相关要求报送合作办理远期结售汇业务相关统计报表；

2. 合作办理远期结售汇业务的银行如发生重大违规行为或年度考核结果为C级的，暂停其合作办理远期结售汇业务资格。

1.6.6 短期外债及对外担保余额指标申请

A. 短期外债余额控制指标申请

a. 中资金融机构短期外债余额控制指标的申请

【业务说明】

辖内中资金融机构应于每年2月末之前向北京外汇管理部提出当年

短期外债余额指标申请。短期外债实行余额管理，辖内中资金融机构每个工作日末的短期外债余额均不得超过北京外汇管理部核定的短期外债指标。

【办理依据】

1.《境内机构借用国际商业贷款管理办法》（[97] 汇政发字 06 号）；

2. 国家外汇管理局关于核定金融机构短期外债指标有关文件。

【办理流程及时限】

办理时限：国家外汇管理局当年核定短期外债指标后 20 个工作日内。

【提交资料】

1. 申请报告（机构基本情况、上年度指标使用情况、融资需求等）；

2. 上年度资产负债表和损益表；

3. 北京外汇管理部要求的其他相关材料。

上述所有书面材料需加盖单位公章。

【注意事项】

除期限在 90 天（含）以下已承兑未付款远期信用证和海外代付、在同一法人银行 50 万美元（含）以下非居民个人存款以及经北京外汇管理部批准以非居民名义开立的各类外国投资者专用账户余额外，辖内中资金融机构其他各种形式的短期对外负债均应纳入短期外债指标控制。

b. 外资金融机构短期外债余额控制指标申请

【业务说明】

辖内外资金融机构应于每年 2 月末之前向北京外汇管理部提出当年

短期外债余额指标申请。短期外债实行余额管理，辖内外资金融机构每个工作日末的短期外债余额均不得超过北京外汇管理部核定的短期外债指标。

【办理依据】

1.《境内机构借用国际商业贷款管理办法》（[97] 汇政发字 06 号）；

2.《境内外资银行外债管理办法》（汇发［2004］59 号）；

3.《关于实施境内外资银行外债管理办法有关问题的通知》（汇发［2004］59 号）；

4. 国家外汇管理局关于核定金融机构短期外债指标有关文件。

【办理流程及时限】

办理时限：国家外汇管理局当年核定短期外债指标后 20 个工作日内。

【提交资料】

1. 申请报告（上年度的业务经营状况，资金来源和运用情况，所申请外债额度的依据和资金用途等）；

2. 境外总行或地区管理总部批准的对中国境内债务人的年度授信限额文件；

3. 外资独资银行、中外合资银行应提供上年度境内合并资产负债表和损益表。外国银行分行应提供上年度资产负债表和损益表，以及境内营业分支机构上年度合并资产负债表和损益表（有人民币业务的还须单独提供外汇财务报表）；

4. 短期外债管理行申请短期外债指标时，还应提供其上级行授权文件，并附各成员行提出的短期外债指标需求计划、各成员行填写的境内外资银行申请短期外债指标情况表和有关外汇财务报表；

5. 与申请人流动性需求或资金用途有关的证明材料；

6. 北京外汇管理部要求的其他相关材料。

上述所有书面材料需加盖单位公章。

【注意事项】

除期限在90天（含）以下已承兑未付款远期信用证和海外代付、在同一法人银行50万美元（含）以下非居民个人存款以及经外汇局批准以非居民名义开立的各类外国投资者专用账户余额外，金融机构其他各种形式的短期对外负债均应纳入短期外债指标控制。

B. 对外担保余额指标申请

【业务说明】

辖内机构每年4月15日之前应向北京外汇管理部提出当年对外担保余额指标申请。融资性对外担保实行余额管理。对外担保业务笔数较多、内部管理规范的非银行金融机构和企业可以法人为主体申请核定余额指标。

【办理依据】

1.《境内机构对外担保管理办法》（银发［1996］302号）及其《实施细则》（［97］汇政发字第10号）；

2.《国家外汇管理局关于境内机构对外担保管理问题的通知》（汇发［2010］39号）。

【办理流程及时限】

办理时限：申请材料齐备之日起20个工作日内。

【提交资料】

1. 书面申请（机构基本情况、上年度指标使用情况、指标需求等）；

2. 金融业务许可证、营业执照复印件（初次申请时提交）；

3. 上年度合并的资产负债表和损益表；

4. 上年度外汇资金来源和运用情况表；

5. 上年度对外担保业务及合规情况的文字说明（新成立机构除外）；

6. 北京外汇管理部要求的其他材料。

上述所有书面材料需加盖单位公章。

1.6.7 受托银行开展外币资金池业务

【业务说明】

境内企业开展外币资金池业务，在委托贷款的法律框架下通过辖内外汇指定银行操作的，受托银行接受委托后，应向北京外汇管理部提出申请。

【办理依据】

1.《国家外汇管理局关于发布〈境内企业内部成员外汇资金集中运营管理规定〉的通知》（汇发［2009］49号）；

2.《国家外汇管理局关于进一步改进和调整直接投资外汇管理政策的通知》（汇发［2012］59号）。

【办理流程及时限】

银行准备材料 → 提交北京外汇管理部资本项目处审核 → 北京外汇管理部出具批复 → 银行与企业签署正式协议报资本处备案

办理时限：申请材料齐备之日起20个工作日内。

【提交材料】

1. 书面申请（受托银行基本情况，以往外币资金池业务开展情况，拟开展外币资金池业务的境内成员企业的基本情况、股权结构及其实际控制人、参与外汇资金来源、外汇资金规模等）；

2. 拟开展外币资金池业务的境内成员企业中牵头主办企业委托申请银行开展外币资金池业务的书面文件；

3. 境内成员企业中各参与企业同意参与本次外币资金池业务的确认文件；

4. 主办企业、参与企业及受托银行就本次外币资金池业务拟订的外币资金池运作协议；

5. 受托银行开展外币资金池运作的方案（运作框架、专用账户开立、账户收支和划转管理、透支业务管理、资金偿还管理、业务报表报送的详细制度安排等）；

6. 受托银行为开展本次外币资金池业务配套制定的专项内控制度、具体操作制度、系统运行说明和技术保障措施；

7. 北京外汇管理部要求的其他相关材料。

上述所有书面材料需加盖单位公章。

【注意事项】

1. 受托银行应将开展外币资金池运作的情况及时向北京外汇管理部报告，于每月初10个工作日内向北京外汇管理部报送业务月报表；

2. 外币资金池业务中发生包括主办企业调整、资金归集框架变化、透支业务变化、外币资金池资金来源变更等在内的重大事项变更的，受托银行应向北京外汇管理部申请并待取得批准后方可运行变更后的方案。

1.6.8 境外投资登记及变更

A. 辖内银行境外直接投资前期费用登记

【业务说明】

辖内银行在境外投资设立境外分行，在获得有关部门正式批准前，需要向境外支付与境外直接投资有关的费用，应向北京外汇管理部提出前期费用登记申请。银行办理前期费用汇出后，应通过直接投资外汇管理信息系统登记备案。

【办理依据】

1.《国家外汇管理局关于发布〈境内机构境外直接投资外汇管理规定〉的通知》（汇发［2009］30号）；

2.《国家外汇管理局关于境内银行境外直接投资外汇管理有关问题的通知》（汇发［2010］31号）；

3.《国家外汇管理局关于进一步改进和调整直接投资外汇管理政策的通知》（汇发［2012］59号）。

【办理流程及时限】

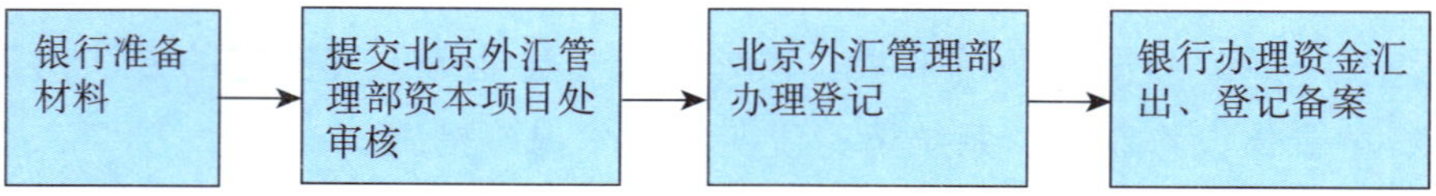

办理时限：申请材料齐备之日起5个工作日内。

【提交材料】

1. 境外直接投资外汇登记业务申请表（可到北京外汇管理部网址下载）；

2. 外汇登记凭证原件及复印件（未领取过外汇登记凭证的，提供营业执照副本及组织机构代码证原件及复印件）；

3. 前期费用累计超过10万美元的，需提供境内机构已向主管部门报送的书面申请及相关真实性证明材料（包括中外方签署的意向书、备忘录或框架协议等）；

4. 北京外汇管理部要求的其他相关材料。

上述所有书面材料需加盖单位公章。

【注意事项】

辖内银行未获得银行业监督管理机构或其他相关主管部门境外直接投资核准的，应自汇出前期费用之日起1年内将剩余资金调回。

B. 境内银行境外直接投资外汇登记

【业务说明】

辖内银行境外直接投资在获得银行业监督管理机构或其他相关主管

部门核准后，应向北京外汇管理部提出境外直接投资外汇登记申请。

【办理依据】

1.《国家外汇管理局关于境内居民通过境外特殊目的公司融资及返程投资外汇管理有关问题的通知》(汇发［2005］75号)；

2.《商务部 国家外汇管理局关于印发〈企业境外并购事项前期报告制度〉的通知》(商合函［2005］131号)；

3.《关于外国投资者并购境内企业的规定》(商务部令2006年第10号)；

4.《国家外汇管理局关于发布〈境内机构境外直接投资外汇管理规定〉的通知》(汇发［2009］30号)；

5.《国家外汇管理局关于境内银行境外直接投资外汇管理有关问题的通知》(汇发［2010］31号)；

6.《国家外汇管理局关于〈印发境内居民通过境外特殊目的公司融资及返程投资外汇管理操作规程〉的通知》(汇发［2011］19号)；

7.《国家外汇管理局关于进一步改进和调整直接投资外汇管理政策的通知》(汇发［2012］59号)。

【办理流程及时限】

办理时限：申请材料齐备之日起5个工作日内。

【提交材料】

1. 境外直接投资外汇登记业务申请表(可到北京外汇管理部网址下载)；

2. 营业执照副本或注册登记证明及组织机构代码证原件及复印件(多个境内机构共同实施一项境外直接投资的，应提交各境内机构的营业执照或注册登记证明及组织机构代码证)；

3. 银行业监督管理机构或其他相关主管部门对该项投资的批准文

件原件及复印件；

4. 北京外汇管理部要求的其他相关材料。

上述所有书面材料需加盖单位公章。

【注意事项】

多个境内银行共同实施一项境外直接投资的，由约定的一个境内银行向其注册地外汇局申请办理境外直接投资外汇登记；系统登记完成后，其他境内银行分别向注册地外汇局领取外汇登记凭证。

C. 境内银行境外直接投资外汇变更登记

【业务说明】

被投资的境外银行已登记基本信息、股权等发生变动时，经银行业监督管理机构或其他相关主管部门批准后，其投资主体（北京地区境内银行）应向北京外汇管理部申请办理境外投资外汇变更登记。

【办理依据】

1.《关于外国投资者并购境内企业的规定》（商务部令2006年第10号）；

2.《国家外汇管理局关于发布〈境内机构境外直接投资外汇管理规定〉的通知》（汇发［2009］30号）；

3.《国家外汇管理局关于境内银行境外直接投资外汇管理有关问题的通知》（汇发［2010］31号）；

4.《国家外汇管理局关于鼓励和引导民间投资健康发展有关外汇管理问题的通知》（汇发［2012］33号）；

5.《国家外汇管理局关于进一步改进和调整直接投资外汇管理政策的通知》（汇发［2012］59号）。

【办理流程及时限】

办理时限：申请材料齐备之日起5个工作日内。

【提交材料】

1. 境外直接投资外汇登记业务申请表（可到北京外汇管理部网址下载）；

2. 外汇登记凭证原件及复印件；

3. 银行业监督管理机构或其他相关主管部门对变更事项的批准或备案文件原件及复印件；

4. 如新增境内投资者，应提供该境内投资者的营业执照副本和组织机构代码证原件及复印件；

5. 北京外汇管理部要求的其他相关材料。

上述所有书面材料需加盖单位公章。

【注意事项】

1. 境内银行因转股、减资等原因不再持有境外银行股权的，也需按照上述流程办理；

2. 多个境内银行共同实施一项境外直接投资的，由约定的一个投资主体向其注册地所在外汇局申请办理变更登记，其他境内银行无需重复申请；

3. 境外企业因减资、转股等需要汇回资金的，在北京外汇管理部办理变更登记后，可直接办理资金入账手续；

4. 境外放款转为对境外分行股权的，应同时办理境外放款变更或注销登记。

第七节（1.7） 银行常见违规行为及适用罚则

一、擅自对外借款、在境外发行债券或者提供对外担保等违反外债管理行为，适用《中华人民共和国外汇管理条例》第四十三条“由外汇管理机关给予警告，处违法金额30%以下的罚款”；

二、违反规定，擅自改变外汇或者结汇资金用途行为，适用《中华人民共和国外汇管理条例》第四十四条“由外汇管理机关责令改正，没收违法所得，处违法金额30%以下的罚款；情节严重的，处违法金额30%以上等值以下的罚款”；

三、违反规定以外币在境内计价结算或者划转外汇等非法使用外汇行为，适用《中华人民共和国外汇管理条例》第四十四条“由外汇管理机关责令改正，给予警告，可以处违法金额30%以下的罚款”；

四、未经批准擅自经营结汇、售汇业务行为，适用《中华人民共和国外汇管理条例》第四十六条“由外汇管理机关责令改正，有违法所得的，没收违法所得，违法所得50万元以上的，并处违法所得1倍以上5倍以下的罚款；没有违法所得或者违法所得不足50万元的，处50万元以上200万元以下的罚款；情节严重的，由有关主管部门责令停业整顿或者吊销业务许可证；构成犯罪的，依法追究刑事责任”；

五、未经批准经营结汇、售汇业务以外的其他外汇业务行为，适用《中华人民共和国外汇管理条例》第四十六条“由外汇管理机关或者金融业监督管理机构依照前款规定予以处罚”；

六、办理经常项目资金收付未对交易单证的真实性及其与外汇收支的一致性进行合理审查，违反规定办理资本项目资金收付，违反规定办理结汇、售汇业务，违反外汇业务综合头寸管理，违反外汇市场交易管理等行为，适用《中华人民共和国外汇管理条例》第四十七条“由外汇管理机关责令限期改正，没收违法所得，并处20万元以上100万元以下的罚款；情节严重或者逾期不改正的，由外汇管理机关责令停止经营相关业务”；

七、未按照规定进行国际收支统计申报，未按照规定报送财务会计报告、统计报表等资料，未按照规定提交有效单证或者提交的单证不真实，违反外汇账户管理规定，违反外汇登记管理规定，拒绝、阻碍外汇管理机关依法进行监督检查或者调查等行为，适用《中华人民共和国外汇管理条例》第四十八条“由外汇管理机关责令改正，给予警告，对机构可以处30万元以下的罚款，对个人可以处5万元以下的罚款”；

八、根据《中华人民共和国外汇管理条例》第四十九条“境内机构违反外汇管理规定的，除依照本条例给予处罚外，对直接负责的主管人员和其他直接责任人员，应当给予处分；对金融机构负有直接责任的董事、监事、高级管理人员和其他直接责任人员给予警告，处5万元以上50万元以下的罚款；构成犯罪的，依法追究刑事责任”。

第二章

企业业务

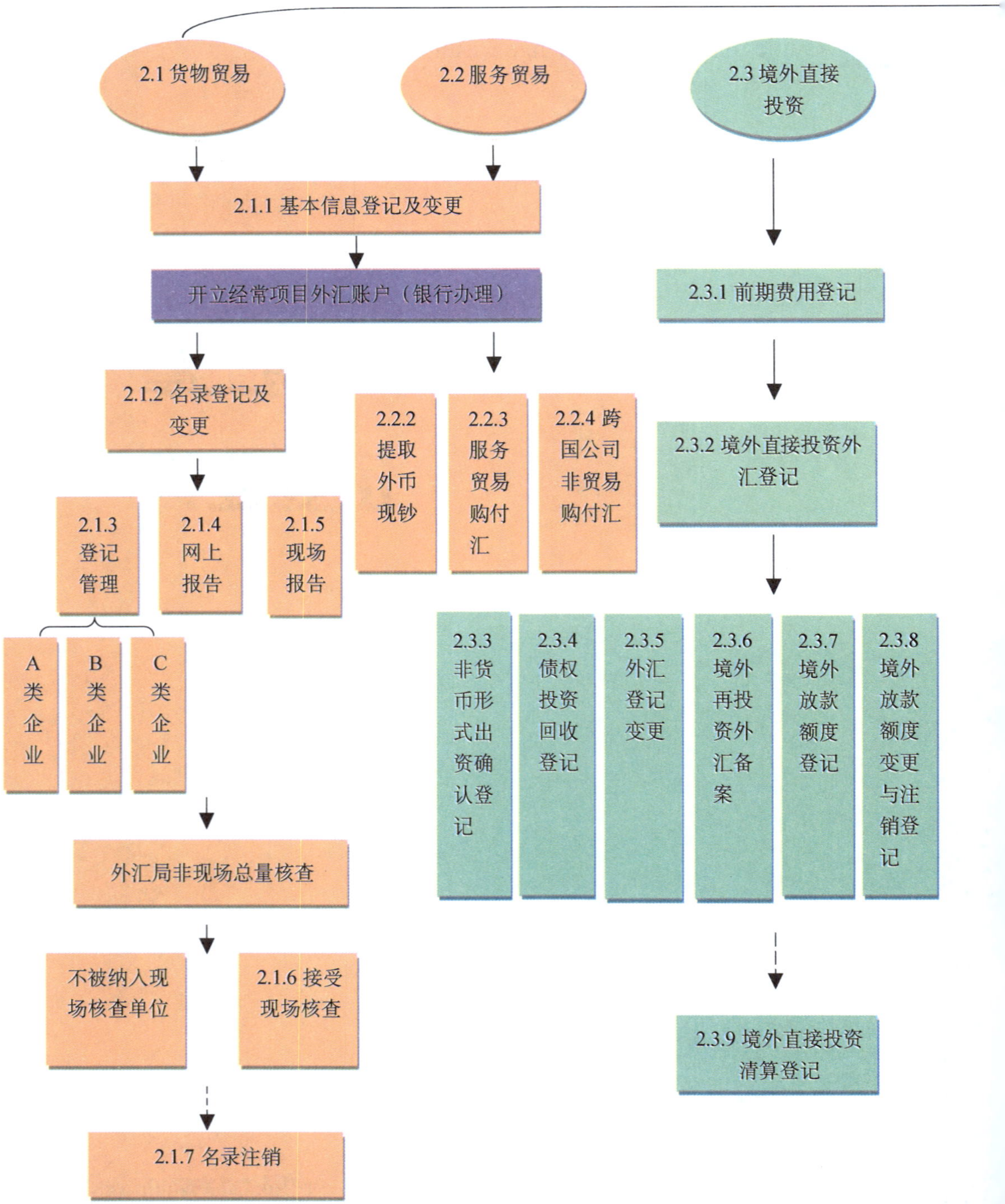
2.1 货物贸易
2.2 服务贸易
2.3 境外直接投资
2.1.1 基本信息登记及变更
开立经常项目外汇账户（银行办理）
2.1.2 名录登记及变更
2.2.2 提取外币现钞
2.2.3 服务贸易购付汇
2.2.4 跨国公司非贸易购付汇
2.1.3 登记管理
2.1.4 网上报告
2.1.5 现场报告
A 类企业
B 类企业
C 类企业
外汇局非现场总量核查
不被纳入现场核查单位
2.1.6 接受现场核查
2.1.7 名录注销
2.3.1 前期费用登记
2.3.2 境外直接投资外汇登记
2.3.3 非货币形式出资确认登记
2.3.4 债权投资回收登记
2.3.5 外汇登记变更
2.3.6 境外再投资外汇备案
2.3.7 境外放款额度登记
2.3.8 境外放款额度变更与注销登记
2.3.9 境外直接投资清算登记

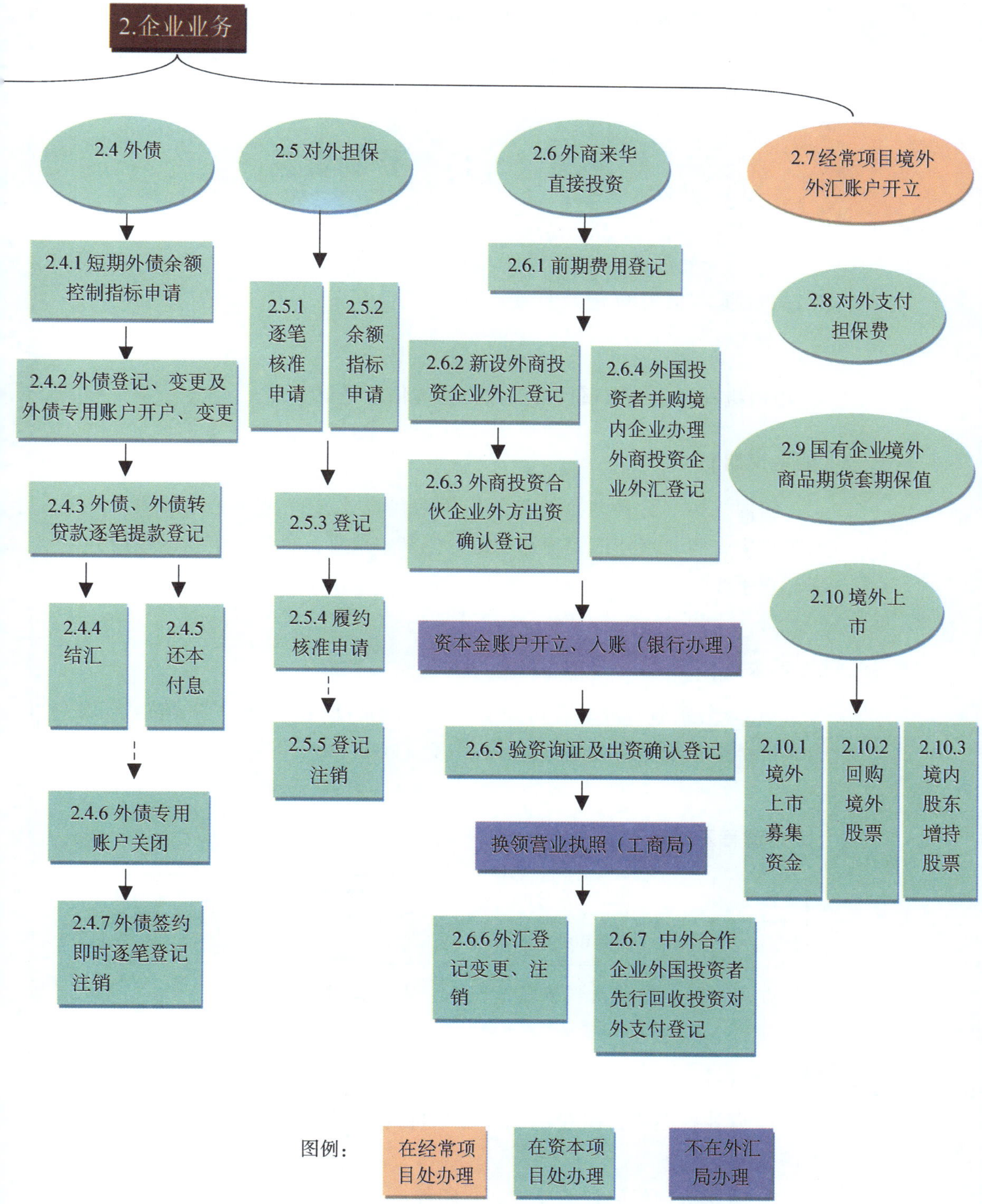
2.企业业务
2.4 外债
2.4.1 短期外债余额控制指标申请
2.4.2 外债登记、变更及外债专用账户开户、变更
2.4.3 外债、外债转贷款逐笔提款登记
2.4.4 结汇
2.4.5 还本付息
2.4.6 外债专用账户关闭
2.4.7 外债签约即时逐笔登记注销
2.5 对外担保
2.5.1 逐笔核准申请
2.5.2 余额指标申请
2.5.3 登记
2.5.4 履约核准申请
2.5.5 登记注销
2.6 外商来华直接投资
2.6.1 前期费用登记
2.6.2 新设外商投资企业外汇登记
2.6.3 外商投资合伙企业外方出资确认登记
2.6.4 外国投资者并购境内企业办理外商投资企业外汇登记
资本金账户开立、入账（银行办理）
2.6.5 验资询证及出资确认登记
换领营业执照（工商局）
2.6.6外汇登记变更、注销
2.6.7 中外合作企业外国投资者先行回收投资对外支付登记
2.7经常项目境外外汇账户开立
2.8 对外支付担保费
2.9 国有企业境外商品期货套期保值
2.10 境外上市
2.10.1 境外上市募集资金
2.10.2 回购境外股票
2.10.3 境内股东增持股票
图例：
在经常项目处办理
在资本项目处办理
不在外汇局办理

第一节（2.1） 货物贸易

2.1.1 基本信息登记及变更

A. 境内机构开立经常项目外汇账户基本信息登记

【业务说明】

辖内机构（含异地企业和驻华机构代表处）首次开立经常项目外汇账户应先到北京外汇管理部登记单位基本信息，再到外汇指定银行办理开户手续。

【办理依据】

《国家外汇管理局综合司关于下发〈经常项目外汇账户和境内居民个人购汇操作规程〉的通知》（汇综发［2006］32号）。

【办理流程及时限】

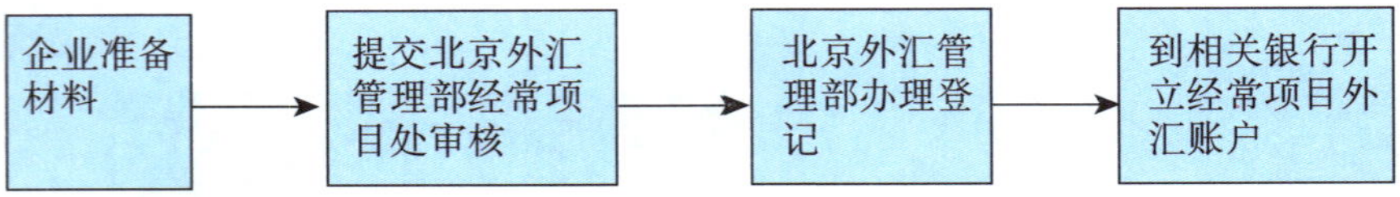

办理时限：申请材料齐备情况下，当场办理。

【提交材料】

1. 营业执照或社团登记证或驻华机构登记证等有效证明的原件和复印件；
2. 组织机构代码证的原件和复印件。

上述所有复印件需加盖公章。

【注意事项】

1. 外商投资企业已办理外商投资企业外汇登记证的，不需到北京外汇管理部登记企业信息；

2. 境内机构已经开立过经常项目外汇账户，如需开立新的经常项目外汇账户，可直接到银行办理开户手续；

3. 变更经常项目外汇账户开户银行和关闭账户，在银行直接办理。

B. 境内机构基本信息变更

【业务说明】

辖内机构（含异地企业和驻华机构代表处）名称、机构性质、组织机构代码等基本信息发生变更时，应先到北京外汇管理部办理境内机构基本信息变更手续，再到银行办理相关手续。

【办理依据】

《国家外汇管理局综合司关于下发〈经常项目外汇账户和境内居民个人购汇操作规程〉的通知》（汇综发［2006］32 号）。

【办理流程及时限】

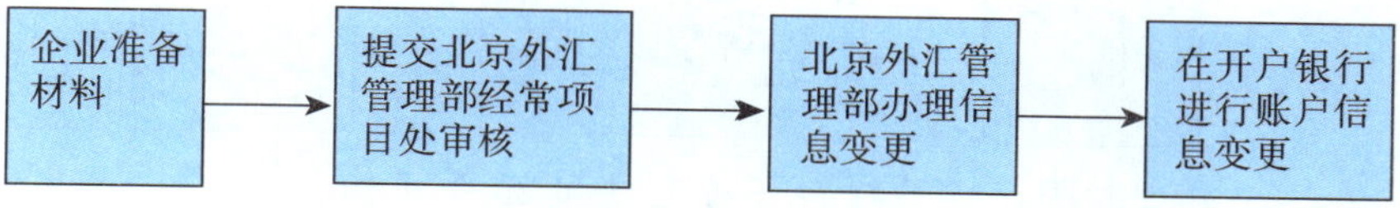

办理时限：申请材料齐备情况下，当场办理。

【提交材料】

1. 书面申请（需写明变更的事项）；

2. 变更后的营业执照或社团登记证或驻华机构登记证等有效证明、变更后的组织机构代码证原件和复印件；

3. 有关管理部门出具的营业执照或社团登记证或驻华机构登记证变更通知书原件及复印件。

上述复印件和书面申请需加盖公章。

C. 保税监管区域内中资企业办理保税监管区域外汇登记

【业务说明】

保税监管区域内中资企业在领取工商营业执照之日起 30 个工作日内，应向北京外汇管理部申请办理外汇登记手续，北京外汇管理部向区内企业核发保税监管区域外汇登记证。

企业领取保税监管区域外汇登记证后，有变更名称、地址、经营范围等情况的，应在办理工商登记变更后 30 个工作日内，将有关材料报北京外汇管理部备案，并办理外汇登记变更手续；区内企业经营期满或因故导致经营终止的，应在审批机关批准之日起 30 个工作日内到北京外汇管理部办理外汇登记注销手续，交回保税监管区域外汇登记证。

【办理依据】

1. 《国家外汇管理局关于印发〈保税监管区域外汇管理办法〉的通知》（汇发［2007］52 号）；

2. 《保税监管区域外汇管理办法操作规程》（汇综发［2007］166 号）。

【办理流程及时限】

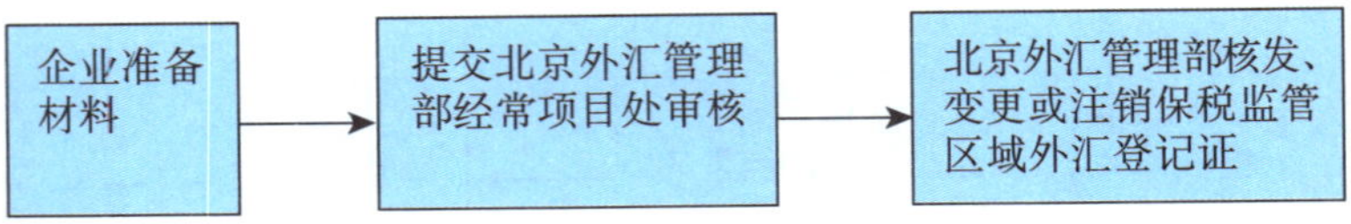

办理时限：申请材料齐备之日起 20 个工作日内。

【提交材料】

1. 营业执照原件和复印件；
2. 组织机构代码证原件和复印件；
3. 合同或章程原件和复印件。

上述所有书面材料需加盖公章。

【注意事项】

保税监管区内企业开立、变更、关闭经常项目外汇账户，可持保税监管区域外汇登记证直接到外汇指定银行办理相关手续。

2.1.2 名录登记及变更

A. 名录登记

【业务说明】

辖内企业在首次收付汇前应到北京外汇管理部办理名录登记手续，签署有关遵纪守法、配合管理的确认书。未办理名录登记的企业不得直接到银行办理贸易外汇收付汇业务。

【办理依据】

《国家外汇管理局关于印发货物贸易外汇管理法规有关问题的通知》（汇发［2012］38号）。

【办理流程及时限】

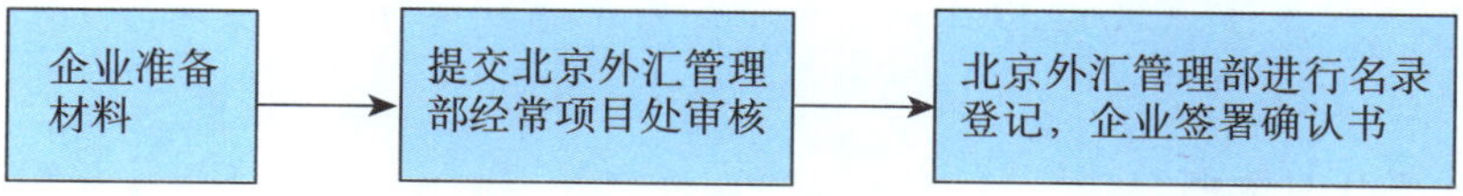

办理时限：申请材料齐备情况下，当场办理。

【提交材料】

1. 货物贸易外汇收支企业名录登记申请书（以下简称申请书），加盖公章；

2. 对外贸易经营者备案登记表。依法不需要办理备案登记的可提交中华人民共和国外商投资企业批准证书或中华人民共和国台、港、澳投资企业批准证书等相关证明材料；

3. 企业法人营业执照或企业营业执照副本；

4. 中华人民共和国组织机构代码证；

5. 法定代表人签字并加盖企业公章的货物贸易外汇收支业务办理

确认书（以下简称确认书）；

6. 无对外贸易经营权的企业，确有客观需要开展对外贸易收支业务的，办理名录登记时可免于提交对外贸易经营者备案登记表或中华人民共和国外商投资企业批准证书或中华人民共和国台、港、澳投资企业批准证书；

7. 从事对外贸易的保税监管区域企业（以下简称“区内企业”）按照《保税监管区域外汇管理办法》办理名录登记手续时，应当签署确认书。区内企业在取得保税监管区域外汇登记证并签署确认书后，可免于提交其他材料直接到北京外汇管理部登记名录；

8. 北京外汇管理部要求的其他相关材料。

上述材料除申请书和确认书外，均需提供原件及加盖企业公章的复印件。

B. 名录变更

【业务说明】

辖内企业名录登记信息（如企业名称、注册地址、法定代表人、注册资本、公司类型、经营范围或联系方式等）发生变更的，应当在变更事项发生之日起30天内，向北京外汇管理部提出名录变更申请。

【办理依据】

《国家外汇管理局关于印发货物贸易外汇管理法规有关问题的通知》（汇发［2012］38号）。

【办理流程及时限】

办理时限：申请材料齐备情况下，当场办理。

【提交材料】

1. 书面申请（企业原备案情况、变更后情况），加盖公章；

2. 相应变更文件或证明；

3. 变更后的企业法人营业执照或企业营业执照副本；

4. 北京外汇管理部要求的其他相关材料。

上述材料除申请书外，均需提供原件及加盖企业公章的复印件。

2.1.3 登记管理

A. A类企业

【业务说明】

A类企业办理下列贸易外汇收支业务前，应持书面申请和相关证明材料到北京外汇管理部办理登记手续：

1. 超期限或无法原路退汇；

2. 误入待核查账户的资本项目资金结汇或划出；

3. 北京外汇管理部认定其他需要登记的业务。

金融机构凭北京外汇管理部出具的货物贸易外汇业务登记表为企业办理贸易收付汇业务。

【办理依据】

《国家外汇管理局关于印发货物贸易外汇管理法规有关问题的通知》（汇发［2012］38号）。

【办理流程及时限】

企业准备材料 → 提交北京外汇管理部经常项目处审核 → 北京外汇管理部出具登记表

办理时限：申请材料齐备之日起20个工作日内。

【提交材料】

一、退汇日期与原收（付）款日期间隔在180天（不含）以上或无法原路退汇的业务登记

1. 收汇的退汇支付登记

（1）书面申请（说明需登记的事项及具体内容，退汇原因，造成超期限或无法原路退汇原因，退汇同时是否发生货物退运，与境外公司是否关联公司，申报单号，原汇款方、原收款方、现汇款方及现收款方）；

（2）涉外收入申报单；

（3）入账通知；

（4）原出口合同（外文合同提供翻译件，加盖公章，注明与原件相符）；

（5）退汇协议（外文协议提供翻译件，加盖公章，注明与原件相符）；

（6）进口货物报关单（仅发生货物退运须提交）；

（7）货物贸易外汇业务登记表（于公共邮箱中下载，邮箱名：bj_safe@163.com，密码：924925）。

2. 付汇的退汇收入登记

（1）书面申请（说明需登记的事项及具体内容，退汇原因，造成超期限或无法原路退汇原因，退汇同时是否发生货物退运，与境外公司是否关联公司，申报单号，原汇款方、原收款方、现汇款方及现收款方）；

（2）境外汇款申请书；

（3）涉外收入申报单；

（4）入账通知；

（5）原进口合同（外文合同提供翻译件，加盖公章，注明与原件相符）；

（6）退汇协议（外文协议提供翻译件，加盖公章，注明与原件相符）；

（7）出口货物报关单（仅发生货物退运须提交）；

（8）货物贸易外汇业务登记表（于公共邮箱中下载，邮箱名：bj_safe@163.com，密码：924925）。

上述材料除书面申请和登记表外，均需提供原件及复印件，复印件和书面申请需加盖公章。

二、误入待核查账户的资本项目资金划出登记

1. 书面申请（说明需登记的事项和具体内容以及资本项目外汇账

号），加盖公章；

2. 涉外收入申报单原件及复印件，复印件加盖公章；

3. 货物贸易外汇业务登记表（于公共邮箱中下载。邮箱名：bj_safe@163.com，密码：924925）；

4. 北京外汇管理部要求的其他相关材料。

三、北京外汇管理部认定其他需要登记的业务

1. 书面申请（说明需登记的事项和具体内容），加盖公章；

2. 货物贸易外汇业务登记表（于公共邮箱中下载。邮箱名：bj_safe@163.com，密码：924925）；

3. 北京外汇管理部要求的其他相关材料。

【注意事项】

北京外汇管理部出具的货物贸易外汇业务登记表有效日期为 30 日，企业应在 30 日内到银行办理相关业务。

B. B 类企业

【业务说明】

B 类企业办理下列贸易外汇收支业务前，应持书面申请和相关证明材料到北京外汇管理部办理登记手续：

1. 可收、付汇额度不足的；

2. 同一合同项下转口贸易收入结汇或划出金额超过相应支出金额 20%（不含）的；

3. 对于退汇日期与原收付款日期间隔在 180 天（不含）以上或由于特殊情况无法按照细则规定办理退汇的；

4. 北京外汇管理部认定其他需要登记的业务。

金融机构凭北京外汇管理部出具的《货物贸易外汇业务登记表》为企业办理贸易收付汇业务。

【办理依据】

《国家外汇管理局关于印发货物贸易外汇管理法规有关问题的通知》（汇发［2012］38 号）。

【办理流程及时限】

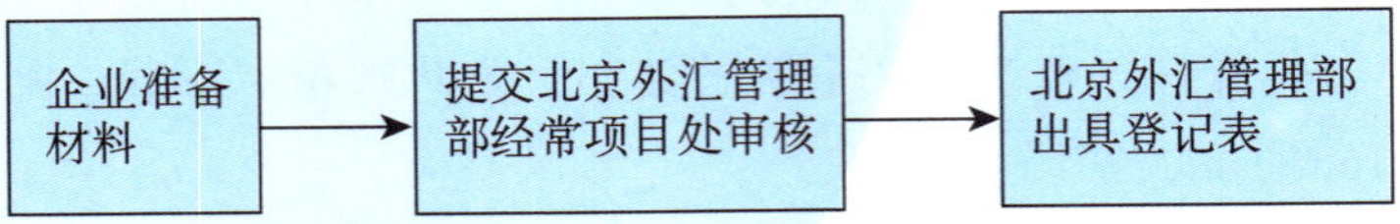

办理时限：申请材料齐备之日起 20 个工作日内。

【提交材料】

一、B 类企业超可收汇额度的贸易外汇收入登记

由于无货物退运的退汇，错汇款退汇，海关审价，大宗散装商品溢短装，市场行情变动及外汇局认定的其他情况造成可收汇额度不足的，企业可到北京外汇管理部登记后办理相应贸易外汇收支业务。

1. 书面申请（说明需登记的事项和具体内容）；

2. 额度不足证明材料；

3. 以信用证、托收方式结算的，提交收入申报单证、出口合同；

4. 以汇款方式结算的（预收货款除外），提交收入申报单证，出口合同、出口货物报关单；

5. 以预收货款方式结算的，提交收入申报单证、出口合同、发票；

6. 出口贸易融资放款，提交与金融机构签订的融资协议、出口合同、发票、出口货物报关单；

7. 对于出口与收入主体不一致的业务，除按不同结算方式提交相关材料外，还应区分情况提交证明材料：因企业分立、合并原因导致的，提交相关部门出具的分立、合并证明文件；对于外汇局认定的其他情况，提交相关材料；

8. 对于贸易付汇的退汇收入，应在书面申请中具体说明退汇原因及是否发生货物退运。因错误汇出产生的，应提交原支出申报单证、收入申报单证；因错误汇出以外的其他原因产生的，还应提交原进口合同；发生货物退运的，还应提交贸易方式为“退运货物”的出口货物报关单；

9. 对于因汇路不畅需要使用外币现钞结算的，办理外币现钞结汇业务登记时应提交出口合同、出口货物报关单；结汇现钞金额达到规定入境申报金额的，还应提交海关签章的携带外币现钞入境申报单正本；

10. 货物贸易外汇业务登记表（于公共邮箱中下载。邮箱名：bj_

safe@163. com，密码：924925）；

11. 北京外汇管理部要求的其他相关材料。

上述材料除书面申请和登记表外，均需提供原件及复印件，复印件和书面申请需加盖公章。

二、B 类企业超可付汇额度的贸易外汇支出登记

由于无货物退运的退汇，错汇款退汇，海关审价，大宗散装商品溢短装，市场行情变动及外汇局认定的其他情况造成可付汇额度不足的，企业可到北京外汇管理部登记后办理相应贸易外汇收支业务。

1. 书面申请（说明需登记的事项和具体内容）；

2. 额度不足证明材料；

3. 以信用证、托收方式结算的，提交进口合同；

4. 以汇款方式结算的（预收货款除外），提交进口合同、进口货物报关单；

5. 以预付货款方式结算的，提交进口合同、发票；单笔预付货款金额超过等值 5 万美元的，还须提交经金融机构核对密押的外方金融机构出具的预付货款保函；

6. 对于进口与支出主体不一致的业务，除按不同结算方式提交相关材料外，还应区分情况提交证明材料：属于捐赠进口业务的，提交捐赠协议；因企业分立、合并原因导致的，提交相关部门出具的分立、合并证明文件；对于外汇局认定的其他情况，提交相关材料；

7. 对于贸易收汇的退汇支付，应在书面申请中具体说明退汇原因及是否发生货物退运。因错误汇入产生的，应提交原收汇凭证；因错误汇入以外的其他原因产生的，还应提交原收入申报单证、原出口合同；发生货物退运的，还应提交贸易方式为“退运货物”的进口货物报关单；

8. 货物贸易外汇业务登记表（于公共邮箱中下载。邮箱名：bj_safe@163. com，密码：924925）；

9. 北京外汇管理部要求的其他相关材料。

上述材料除书面申请和登记表外，均需提供原件及复印件，复印件和书面申请需加盖公章。

三、同一合同项下转口贸易收入超过相应支出金额 20%（不含）的业务登记或超期限登记

1. 书面申请（说明需登记的事项和具体内容）；

2. 买卖合同；

3. 提单或仓单或其他货权凭证；

4. 收入和支出申报单证（收入登记时提供）；

5. 货物贸易外汇业务登记表（于公共邮箱中下载。邮箱名：bj_safe@163.com，密码：924925）；

6. 北京外汇管理部要求的其他材料。

上述材料除书面申请和登记表外，均需提供原件及复印件，复印件和书面申请需加盖公章。

四、B类企业90天以上延期付款登记

1. 书面申请（说明需登记的事项和具体内容）；

2. 进口合同；

3. 进口货物报关单；

4. 货物贸易外汇业务登记表（于公共邮箱中下载。邮箱名：bj_safe@163.com，密码：924925）；

5. 北京外汇管理部要求的其他相关材料。

上述材料除书面申请和登记表外，均需提供原件及复印件，复印件和书面申请需加盖公章。

五、B类企业90天以上延期收款登记

1. 书面申请（说明需登记的事项和具体内容）；

2. 出口合同；

3. 出口货物报关单；

4. 货物贸易外汇业务登记表（于公共邮箱中下载。邮箱名：bj_safe@163.com，密码：924925）；

5. 北京外汇管理部要求的其他相关材料。

上述材料除书面申请和登记表外，均需提供原件及复印件，复印件和书面申请需加盖公章。

六、退汇日期与原收（付）款日期间隔在180天（不含）以上或无法原路退汇的业务登记（参照A类企业相关要求办理）。

七、误入待核查账户的资本项目资金划出登记（参照A类企业相关要求办理）。

八、外汇局认定其他需要登记的业务（参照A类企业相关要求办理）。

【注意事项】

1. B类企业不得办理90天以上的延期收付款、同一合同项下收支日期间隔超过90天（不含）的转口贸易外汇收支业务。分类监管有效期内指标情况好转且没有发生违规行为的B类企业，自列入B类之日起6个月后，经登记可办理该业务；

2. 北京外汇管理部出具的货物贸易外汇业务登记表有效日期为30日，企业应在30日内到银行办理相关业务。

C. C类企业

【业务说明】

C类企业办理下列贸易外汇收支业务前，应当持书面申请和相关证明材料到北京外汇管理部办理登记手续：

1. 贸易外汇收支；

2. 对于退汇日期与原收付款日期间隔在180天（不含）以上或由于特殊情况无法按照细则规定办理退汇的；

3. 误入待核查账户的资本项目资金划出；

4. 北京外汇管理部认定其他需要登记的业务。

金融机构凭北京外汇管理部出具的货物贸易外汇业务登记表为企业办理贸易收付汇业务。

【办理依据】

《国家外汇管理局关于印发货物贸易外汇管理法规有关问题的通知》（汇发［2012］38号）。

【办理流程及时限】

企业准备材料 → 提交北京外汇管理部经常项目处审核 → 北京外汇管理部出具登记表

办理时限：申请材料齐备之日起20个工作日内。

【提交材料】

1. C类企业贸易外汇收入登记参见B类企业超可收汇额度的贸易外汇收入登记，无需提供额度不足证明材料；

2. C类企业贸易外汇支出登记参见B类企业超可付汇额度的贸易外汇支出登记，无需提供额度不足证明材料；

3. 退汇日期与原收（付）款日期间隔在180天（不含）以上或无法原路退汇的业务登记（参照A类企业相关要求办理）；

4. 误入待核查账户的资本项目资金划出登记（参照A类企业相关要求办理）；

5. 北京外汇管理部认定其他需要登记的业务（参照A类企业相关要求办理）。

【注意事项】

1. C类企业不得开立90天以上（不含）远期信用证（含展期）业务，不得办理90天以上（不含）的延期付款、托收结算业务；

2. C类企业不得办理转口贸易外汇收支；

3. C类企业出口收入不得存放境外账户，不得使用境外账户对外支付。企业应当于列入C类企业之日起30日内关闭境外账户并调回境外账户余额；

4. C类企业为跨国集团集中收付汇成员公司的，不得继续办理集中收付汇业务；该企业为跨国集团集中收付汇主办企业的，停止整个集团的集中收付汇业务。

2.1.4 网上报告

【业务说明】

辖内企业应于货物进出口或收付汇业务实际发生后30天内，通过货物贸易外汇监测系统企业端向北京外汇管理部报告下列业务：需报告的贸易信贷、远期信用证、转口贸易、差额、出口收入存放境外及其他特殊交易。具体操作可参见监测系统“常见下载”中（企业版）用户手册（通过国家外汇管理局应用服务平台访问监测系统，访问地址为

http：//asone. safesvc. gov. cn/asone）。

【办理依据】

《国家外汇管理局关于印发货物贸易外汇管理法规有关问题的通知》（汇发［2012］38号）。

2.1.5 现场报告

A. 逾期未在网上报告的业务报告

【业务说明】

企业逾期未对2.1.4中列明的业务进行网上报告的，应及时到北京外汇管理部进行现场报告。

【办理依据】

《国家外汇管理局关于印发货物贸易外汇管理法规有关问题的通知》（汇发［2012］38号）。

【提交材料】

1. 情况说明（说明未能及时通过网上报告的原因、需报告的事项及内容）；
2. 合同；
3. 报关单或涉外收入申报单或对外付汇申请书；
4. 报告表（于公共邮箱中下载。邮箱名：bj_safe@163. com，密码：924925）；
5. 北京外汇管理部要求的其他相关材料。

上述材料除情况说明和报告表外，均需提供原件及复印件，复印件、情况说明和报告表需加盖公章。

【注意事项】

1. 已做贸易融资报告、差额报告的数据不可进行贸易信贷报告、转口贸易报告；

2. 已做贸易信贷报告、贸易融资报告或转口贸易报告的数据不可进行差额报告。

B. 辅导期企业业务报告

【业务说明】

北京外汇管理部对新列入名录的企业实施辅导期管理。在其发生首笔贸易外汇收支业务之日起90天内，进行政策法规、系统操作等辅导。企业应当在辅导期结束后10个工作日内，持书面材料到北京外汇管理部报告辅导期内发生的货物进出口与贸易外汇收支的逐笔对应情况。

【办理依据】

《国家外汇管理局关于印发货物贸易外汇管理法规有关问题的通知》（汇发［2012］38号）。

【提交材料】

1. 进出口收付汇信息报告表（于公共邮箱中下载。邮箱名：bj_safe@163.com，密码：924925）；

2. 北京外汇管理部要求的其他相关材料。

上述所有书面材料需加盖单位公章。

C. 贸易主体不一致业务报告

【业务说明】

对于因企业分立或合并引起、捐赠进口项下或经外汇局认定的其他进出口与收付汇主体不一致，企业可在收汇或进口业务实际发生之日起30日内到北京外汇管理部现场办理出口收汇或进口数据主体变更。

【办理依据】

《国家外汇管理局关于印发货物贸易外汇管理法规有关问题的通知》（汇发［2012］38号）。

【提交材料】

1. 情况说明（说明贸易主体不一致的原因、需报告的收汇或进口数据及其变更后的企业代码和名称、企业所属外汇局、相应的收汇金额或进口金额等）；

2. 捐赠协议（仅捐赠业务提供）；

3. 进口或出口合同；

4. 收入申报单证或进口货物报关单；

5. 相关部门出具的分立、合并证明文件（仅企业分立、合并的提供）；

6. 贸易主体不一致报告表（于公共邮箱中下载。邮箱名：bj_safe@163.com，密码：924925）；

7. 北京外汇管理部要求的其他相关材料。

上述材料除情况说明和报告表外，均需提供原件及复印件，复印件、情况说明和报告表需加盖公章。

【注意事项】

1. 同一笔数据不得重复变更主体；

2. 已进行贸易信贷、转口贸易、差额等特殊交易报告的进口报关单或收汇数据不得进行主体变更。

D. 其他特殊交易业务报告

【业务说明】

除法规所列情况外，企业认为会影响其外汇收支与进出口匹配的其他业务，在实际业务发生后30天内未及时通过网上报告的，应到北京外汇管理部办理其他特殊交易报告。

【办理依据】

《国家外汇管理局关于印发货物贸易外汇管理法规有关问题的通知》（汇发［2012］38号）。

【提交材料】

1. 情况说明（说明未能及时通过网上报告的原因及需报告的事项及内容）；

2. 北京外汇管理部要求的其他相关材料。

上述所有书面材料需加盖单位公章。

【注意事项】

已做贸易信贷、转口贸易、差额等报告的数据可进行其他特殊交易报告。

2.1.6 接受现场核查

【业务说明】

北京外汇管理部可将在非现场监测中发现异常或可疑贸易外汇收支的企业纳入现场核查范围，并对其实施现场核查。

【办理依据】

《国家外汇管理局关于印发货物贸易外汇管理法规有关问题的通知》（汇发［2012］38号）。

【办理流程】

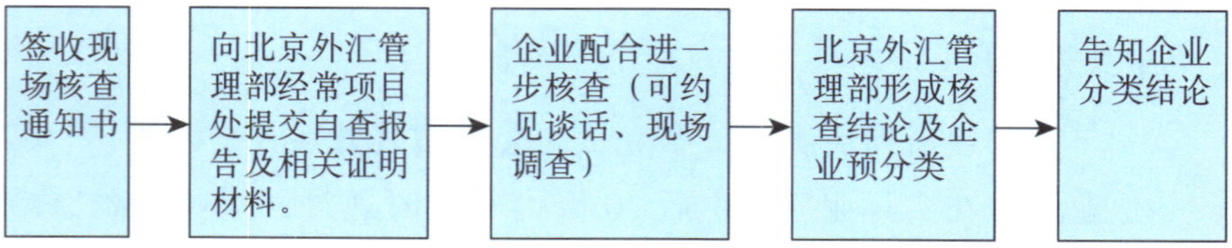

【提交材料】

1. 自查报告（重点就导致指标异常的业务进行说明，包括交易商品特点、合同履行情况、与交易对手关系、是否涉及企业自身融资目的、是否存在贸易纠纷及索赔情况等）；

2. 自查情况简表（于公共邮箱中下载。邮箱名：bj _ safe @

163. com，密码：924925）；

3. 北京外汇管理部要求的其他相关材料（证明材料应当具有明确的针对性，能够直接解释或者较为直接地佐证企业存在异常情况的性质）。

企业须在收到通知书之日起 10 个工作日向北京外汇管理部提交上述材料。

上述所有书面材料需加盖单位公章。

2.1.7　名录注销

【业务说明】

辖内名录内企业发生下列情况之一的，应自发生日起 30 天内到北京外汇管理部办理名录注销手续：

1. 终止经营或不再从事对外贸易；
2. 被工商管理部门注销或吊销营业执照；
3. 被商务主管部门取消对外贸易经营权。

【办理依据】

《国家外汇管理局关于印发货物贸易外汇管理法规有关问题的通知》（汇发［2012］38 号）。

【办理流程及时限】

办理时限：申请材料齐备情况下，当场办理。

【提交材料】

1. 注销名录申请书；
2. 相关部门文件或证明（终止经营或不再从事对外贸易的除外）

原件及复印件（复印件需加盖公章）。

第二节（2.2） 服务贸易

2.2.1 基本信息登记及变更

此项业务参照 2.1.1。

2.2.2 提取外币现钞

【业务说明】

辖内企业单笔提取超过等值 10000 美元的外币现钞且符合下列情况之一的，应向北京外汇管理部申请：

1. 人数较多的出境团组；
2. 出境时间较长或旅途较长的科学考察团组；
3. 政府领导人出访；
4. 出境人员赴战乱、外汇管制严格、金融条件差或金融动荡国家；
5. 其他特殊情况。

【办理依据】

1.《境内机构外币现钞收付管理暂行办法》（[96] 汇管函字第 211 号）；

2.《结汇、售汇及付汇管理规定》（银发［1996］210 号）；

3.《国家外汇管理局关于下发〈非贸易售付汇及境内居民个人外汇收支管理操作规程〉（试行）的通知》（汇发［2002］29 号）。

【办理流程及时限】

企业准备材料 → 提交北京外汇管理部经常项目处审核 → 北京外汇管理部出具核准件

办理时限：申请材料齐备之日起20个工作日内。

【提交材料】

一、外商投资企业支付外籍员工工资

1. 书面申请（公司基本情况、外籍员工名称、工资发放标准及明细等）；

2. 董事会决议；

3. 税务证明；

4. 北京外汇管理部要求的其他相关材料。

二、境外劳务合作项下劳务人员工资、安家费等提取外币现钞

1. 书面申请（劳务合作项目基本情况、人员名单、工资发放标准及明细等）；

2. 商务部门批准该企业经营劳务承包的文件；

3. 对外劳务合同；

4. 劳务人员工资预算表；

5. 出国任务批件；

6. 北京外汇管理部要求的其他相关材料。

三、因公出国提取外币现钞

1. 书面申请（公务出国事由、出国费用标准及明细等）；

2. 出国任务批件（持因公护照的需提供）；

3. 已办妥签证的护照；

4. 北京外汇管理部要求的其他相关材料。

四、在境外设立代表处或办事机构的开办费和年度经费提取外币现钞。

1. 书面申请（公司基本情况、境外代表处或办事机构的主要工作内容等）；

2. 主管部门批准设立该机构的文件；

3. 经费预算书；

4. 北京外汇管理部要求的其他相关材料。

五、国际海运代理企业代理的外轮备用金、船长借支提取外币现钞（单笔超过等值30000美元）

1. 书面申请（基本情况、现钞发放标准及明细等）；
2. 银行水单；
3. 支付通知书；
4. 北京外汇管理部要求的其他相关材料。

六、其他非贸易业务提取外币现钞

1. 书面申请（业务基本情况、提取现钞标准及明细等）；
2. 合同或协议；
3. 北京外汇管理部要求的其他相关材料。

上述材料除书面申请外需提供正本及复印件；如是外文的，需提供中文翻译件；书面申请、复印件和翻译件均需加盖单位公章。

2.2.3　服务贸易购付汇

A. 出口贸易项下“双超”佣金对外支付

【业务说明】

辖内企业出口项下单笔超过合同总金额10%且超过等值10万美元的佣金购付汇，应向北京外汇管理部申请。

【办理依据】

1. 《结汇、售汇及付汇管理规定》（银发［1996］210号）；

2. 《国家外汇管理局综合司关于调整部分服务贸易项下售付汇政策有关问题的通知》（汇综发［2006］73号）。

【办理流程及时限】

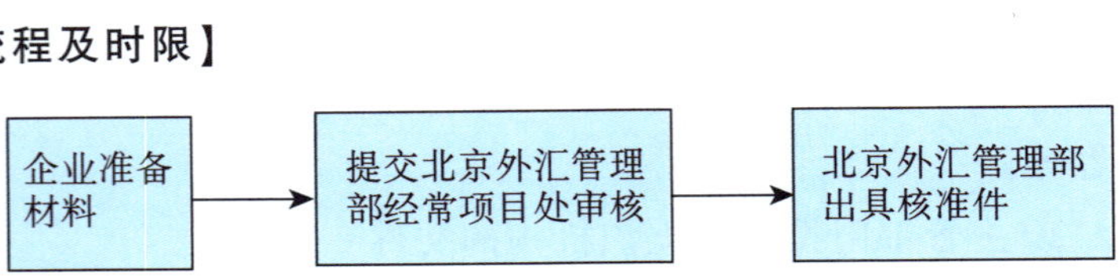

办理时限：申请材料齐备之日起20个工作日内。

【提交材料】

1. 书面申请（支付佣金的原因及其经过、对方国家市场情况、本公司在其他国家出口同样产品的价格及数量、是否支付佣金、中间商的身份及所做具体工作等）；

2. 出口合同；

3. 佣金协议；

4. 收账通知（结汇水单）。

上述材料除申请外需提供原件及复印件；如是外文的，需提供中文翻译件；书面申请、复印件和翻译件均需加盖单位公章。

B. 企业和预算外单位公务出国超过指导性限额购汇

【业务说明】

辖内企业和预算外单位使用人民币购汇支付公务出国境外差旅费时，对于出境时间较长、用汇超出文件规定的购汇指导性限额标准的，需向北京外汇管理部申请。

购汇指导性限额标准：公务出国人员出境时间在 30 天（含 30 天）以内的，每人每次可向银行购汇等值 3000 美元；出境时间在 30 天以上的，每人每次可向银行购汇等值 5000 美元。

【办理依据】

1. 《结汇、售汇及付汇管理规定》（银发［1996］210 号）；

2. 《国家外汇管理局关于企业和预算外单位公务出国用汇管理有关问题的通知》（汇发［2004］117 号）。

【办理流程及时限】

办理时限：申请材料齐备之日起 20 个工作日内。

【提交材料】

1. 书面申请（用汇超过购汇指导性限额的合理性说明等）；

2. 公务出国人员身份证明、护照及签证；

3. 企业和预算外单位公务出国用汇预算表；

4. 如因特殊情况确实无法提供签证的，需向外汇局提交单位出具的有关证明。

上述材料除书面申请外需提供正本及复印件；如是外文的，需提供中文翻译件；书面申请、复印件和翻译件均需加盖单位公章。

【注意事项】

企业和预算外单位可以在出境前办理用汇手续，也可以在返回境内后两个月内到银行补办用汇手续。

C. 法规未明确规定审核凭证、单笔超过等值 10 万美元的服务贸易购付汇

【业务说明】

辖内企业发生法规中未明确规定审核凭证、单笔金额在等值 10 万美元以上的服务贸易购付汇项目，应向北京外汇管理部申请。

【办理依据】

1. 《结汇、售汇及付汇管理规定》（银发［1996］210 号）；

2. 《国家外汇管理局关于现行法规中没有明确规定的非贸易项目售付汇有关问题的通知》（汇发［2003］35 号）；

3. 《国家外汇管理局关于调整经常项目外汇管理政策的通知》（汇发［2006］19 号）；

4. 《国家外汇管理局综合司关于调整部分服务贸易项下售付汇政策有关问题的通知》（汇综发［2006］73 号）；

5. 《国家外汇管理局、国家税务总局关于服务贸易等项目对外支付提交税务证明有关问题的通知》（汇发［2008］64 号）；

6. 《关于进一步明确服务贸易等项目对外支付提交税务证明有关问题的通知》（汇发［2009］52 号）。

【办理流程及时限】

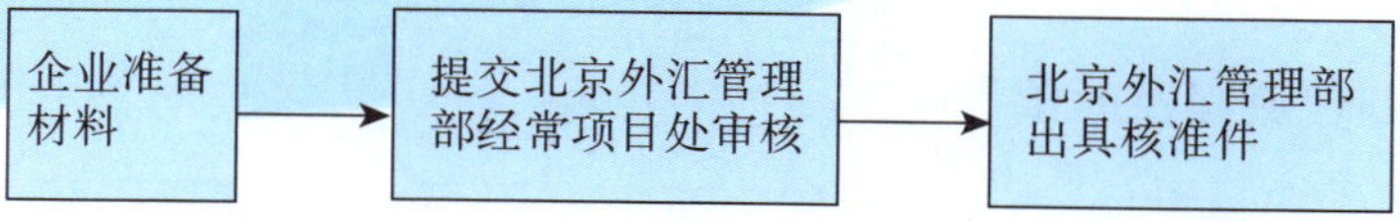

办理时限：申请材料齐备之日起20个工作日内。

【提交材料】

1. 书面申请（公司基本情况、交易对手基本情况及服务内容、服务费用标准及支付方式等）；

2. 合同或协议；

3. 发票（支付通知）；

4. 税务证明；

5. 北京外汇管理部要求的其他相关材料。

上述材料除书面申请外需提供正本及复印件；如是外文的，需提供中文翻译件；书面申请、复印件和翻译件均需加盖单位公章。

2.2.4 跨国公司非贸易购付汇

【业务说明】

跨国公司是指同时在境内外拥有关联公司、且由一家在中国境内的管理公司行使其全球或区域（含中国）投资管理职能的企业集团，包括中资控股企业集团（即中资跨国公司）和外资控股企业集团（即外资跨国公司）。

符合上述条件的辖内跨国公司及其境内关联公司对外支付非贸易项下代垫或分摊费用，可向北京外汇管理部申请跨国公司资格核准，凭核准文件以及相关材料在外汇指定银行办理非贸易项下代垫或分摊费用的购付汇手续。

【办理依据】

1. 《结汇、售汇及付汇管理规定》（银发［1996］210号）；

2. 《国家外汇管理局关于跨国公司非贸易售付汇管理有关问题的

通知》（汇发［2004］62号）。

【办理流程及时限】

企业准备材料 → 提交北京外汇管理部经常项目处审核 → 北京外汇管理部出具核准件

办理时限：申请材料齐备之日起20个工作日内。

【提交材料】

1. 法定代表人签署的申请书（公司的成立时间、经营范围、外汇收支规模、在所属行业的地位、近三年内有无违反外汇管理法规行为、经常发生的非贸易购付汇业务种类等）；

2. 商务主管部门批准公司设立的文件、营业执照以及外商投资企业外汇登记凭证原件及复印件；

3. 境内外关联公司名单；

4. 北京外汇管理部要求的其他相关材料。

上述材料除书面申请外需提供正本及复印件；如是外文的，需提供中文翻译件；书面申请、复印件和翻译件均需加盖单位公章。

【注意事项】

经核准的跨国公司及其境内关联公司，应对其与境外关联公司的关联关系的真实性负责。关联关系终止或变更时，应及时向北京外汇管理部报告。

第三节（2.3） 境外直接投资

2.3.1 境内机构境外直接投资前期费用登记

【业务说明】

辖内机构在境外投资设立企业（项目）前，向境外支付的与境外直接投资有关的费用，需向北京外汇管理部提出登记申请。10 万美元以上的前期费用汇出，原则上累计汇出额不得超过中方投资总额的 15%。

【办理依据】

1.《国家外汇管理局关于发布〈境内机构境外直接投资外汇管理规定〉的通知》（汇发［2009］30 号）；

2.《国家外汇管理局关于境内银行境外直接投资外汇管理有关问题的通知》（汇发［2010］31 号）；

3.《国家外汇管理局关于进一步改进和调整直接投资外汇管理政策的通知》（汇发［2012］59 号）。

【办理流程及时限】

办理时限：申请材料齐备之日起 5 个工作日内。

【提交材料】

1. 境外直接投资外汇登记业务申请表（可到北京外汇管理部网址下载）；

2. 外汇登记凭证原件及复印件（未领取过外汇登记凭证的，提供营业执照副本及组织机构代码证原件及复印件）；

3. 前期费用累计超过 10 万美元的，需提供境内机构已向境外直接投资主管部门报送的书面申请及境内机构参与投标、并购或合资合作项目的相关真实性证明材料（包括中外方签署的意向书、备忘录或框架协议等）；

4. 北京外汇管理部要求的其他相关材料。

上述所有书面材料需加盖单位公章。

【注意事项】

1. 辖内机构汇出境外的前期费用，可列入其境外直接投资总额；

2. 境内投资者在汇出前期费用之日起6个月内仍未设立境外投资企业（项目）的，应向北京外汇管理部报告其前期费用使用情况并将剩余资金退回。如确有客观原因，6个月期限可适当延长，但最长不得超过12个月。

2.3.2 境内机构境外直接投资外汇登记

【业务说明】

辖内机构办理境外直接投资的，在获得境外直接投资主管部门核准后，应向北京外汇管理部提出境外直接投资外汇登记申请。

【办理依据】

1.《国家外汇管理局关于境内居民通过境外特殊目的公司融资及返程投资外汇管理有关问题的通知》（汇发［2005］75号）；

2.《商务部 国家外汇管理局关于印发〈企业境外并购事项前期报告制度〉的通知》（商合函［2005］131号）；

3.《关于外国投资者并购境内企业的规定》（商务部令2006年第10号）；

4.《国家外汇管理局关于发布〈境内机构境外直接投资外汇管理规定〉的通知》（汇发［2009］30号）；

5.《国家外汇管理局关于〈印发境内居民通过境外特殊目的公司融资及返程投资外汇管理操作规程〉的通知》（汇发［2011］19号）；

6.《国家外汇管理局关于进一步改进和调整直接投资外汇管理政策的通知》（汇发［2012］59号）。

【办理流程及时限】

办理时限：申请材料齐备之日起5个工作日内。

【提交材料】

1. 境外直接投资外汇登记业务申请表（可到北京外汇管理部网址下载）；

2. 营业执照副本或注册登记证明及组织机构代码证原件及复印件（多个境内机构共同实施一项境外直接投资的，应提交各境内机构的营业执照或注册登记证明及组织机构代码证）；

3. 非金融类境外投资提供境外投资主管部门颁发的企业境外投资证书原件及复印件（依据《关于外国投资者并购境内企业的规定》设立的特殊目的公司需提供商务部的批准或备案文件）；

4. 外国投资者以境外股权并购境内公司导致境内公司或其股东持有境外公司股权的，另需提供加注的外商投资企业批准证书和加注的外商投资企业营业执照副本原件及复印件；

5. 北京外汇管理部要求的其他相关材料。

上述所有书面材料需加盖单位公章。

【注意事项】

多个境内机构共同实施一项境外直接投资的，由约定的一个境内机构向其注册地外汇局申请办理境外直接投资外汇登记；系统登记完成后，其他境内机构分别向注册地外汇局领取外汇登记凭证。

2.3.3 非货币形式出资确认登记

【业务说明】

辖内机构办理境外投资登记，完成以实物、无形资产和股权出资后，应向北京外汇管理部提出非货币形式出资确认登记申请。未办理非货币形式出资确认登记的，不得办理减资、转股、清算等资金调回业务。

【办理依据】

1.《国家外汇管理局关于发布〈境内机构境外直接投资外汇管理规定〉的通知》（汇发［2009］30号）；

2.《国家外汇管理局关于进一步改进和调整直接投资外汇管理政策

的通知》(汇发［2012］59号)。

【办理流程及时限】

办理时限：申请材料齐备之日起10个工作日内。

【提交材料】

1. 境外直接投资外汇登记业务申请表（可到北京外汇管理部网址下载）；

2. 外汇登记凭证原件及复印件；

3. 非货币形式出资证明（如报关单、资产评估报告等）；

4. 北京外汇管理部要求的其他相关材料。

上述所有书面材料需加盖单位公章。

2.3.4 债权投资回收登记

【业务说明】

辖内机构境外投资，已汇出投资总额与注册资本金的差额如以债权方式回收，应到北京外汇管理部办理债权投资回收登记。回收仅限于以现汇（或跨境人民币）方式出资并跨境汇出的部分，债权投资回收登记后，该部分资金可汇回境内。

【办理依据】

1.《国家外汇管理局关于发布〈境内机构境外直接投资外汇管理规定〉的通知》(汇发［2009］30号)；

2.《国家外汇管理局关于鼓励和引导民间投资健康发展有关外汇管理问题的通知》(汇发［2012］33号文)；

3.《国家外汇管理局关于进一步改进和调整直接投资外汇管理政策

的通知》（汇发［2012］59号）。

【办理流程及时限】

办理时限：申请材料齐备之日起5个工作日内。

【提交材料】

1. 境外直接投资外汇登记业务申请表（可到北京外汇管理部网址下载）；

2. 外汇登记凭证原件及复印件；

3. 境外投资批准证书原件及复印件、借款合同等真实性证明材料原件及复印件；

4. 北京外汇管理部要求的其他相关材料。

上述所有书面材料需加盖单位公章。

【注意事项】

债权投资回收登记后，企业应在银行开立境外资产变现账户保留调回资金。

2.3.5　境内机构境外直接投资外汇变更登记

【业务说明】

已登记的境外企业发生基本信息及股权变动等情况，经商务部门批准后，其投资主体（北京地区境内机构）应向北京外汇管理部申请办理境外投资外汇变更登记。

境外放款转为对境外公司股权的，应同时办理境外放款变更或注销登记。境内投资者收购其他境内投资者境外企业股权的，股权出让方按照本条办理变更登记后，受让方直接到注册地外汇局领取外汇登记凭证。

【办理依据】

1.《关于外国投资者并购境内企业的规定》(商务部令 2006 年第 10 号);

2.《国家外汇管理局关于发布〈境内机构境外直接投资外汇管理规定〉的通知》(汇发 [2009] 30 号);

3.《国家外汇管理局关于境内银行境外直接投资外汇管理有关问题的通知》(汇发 [2010] 31 号);

4.《国家外汇管理局关于鼓励和引导民间投资健康发展有关外汇管理问题的通知》(汇发 [2012] 33 号);

5.《国家外汇管理局关于进一步改进和调整直接投资外汇管理政策的通知》(汇发 [2012] 59 号)。

【办理流程及时限】

办理时限:申请材料齐备之日起 5 个工作日内。

【提交材料】

1. 境外直接投资外汇登记业务申请表(可到北京外汇管理部网址下载);

2. 外汇登记凭证原件及复印件;

3. 境外投资主管部门对变更事项的批准或备案文件原件及复印件(依据《关于外国投资者并购境内企业的规定》设立的特殊目的公司,相关变更事项需提供商务部的批准或备案文件);

4. 如新增境内投资者,应提供该境内投资者的营业执照副本和组织机构代码证原件及复印件;

5. 北京外汇管理部要求的其他相关材料。

上述所有书面材料需加盖单位公章。

【注意事项】

1. 多个境内机构共同实施一项境外直接投资的,由约定的一个投资主体向其注册地所在外汇局申请办理变更登记,其他境内机构无需重复申请；

2. 境外企业因减资、转股等需要汇回资金的，在发生变更的投资主体所在地外汇局办理变更登记后，直接到银行办理境外资产变现账户开立、汇回资金入账手续；

3. 外国投资者以境外股权并购境内公司导致境内公司或其股东持有境外公司股权的，应自工商主管部门颁发加注的营业执照之日起6个月内完成股权变更。如果境内公司没有完成其股权变更手续，则境外投资外汇登记自动失效，应在相关业务系统中直接撤销其登记。

2.3.6 境外再投资外汇备案

【业务说明】

已登记的境外企业发生长期股权投资、对外担保等不涉及资本变动的重大事项的，应向北京外汇管理部申请办理境外投资外汇备案。

【办理依据】

1.《关于外国投资者并购境内企业的规定》（商务部令2006年第10号）；

2.《国家外汇管理局关于发布〈境内机构境外直接投资外汇管理规定〉的通知》（汇发［2009］30号）；

3.《国家外汇管理局关于境内银行境外直接投资外汇管理有关问题的通知》（汇发［2010］31号）；

4.《国家外汇管理局关于印发〈境内居民通过境外特殊目的公司融资及返程投资外汇管理操作规程〉的通知》（汇发［2011］19号）；

5.《国家外汇管理局关于进一步改进和调整直接投资外汇管理政策的通知》（汇发［2012］59号）。

【办理流程及时限】

办理时限：申请材料齐备之日起5个工作日内。

【提交材料】

1. 境外直接投资外汇登记业务申请表（可到北京外汇管理部网址下载）；

2. 外汇登记凭证原件及复印件；

3. 境外再投资真实性证明材料（如境外再投资企业登记注册文件等）；

4. 北京外汇管理部要求的其他相关材料。

上述所有书面材料需加盖单位公章。

【注意事项】

1. 多个境内机构共同实施一项境外直接投资的，由其中一家境内机构向其注册地外汇局申请办理备案手续；

2. 辖内投资主体控制的境外公司在境外直接设立公司应到北京外汇管理部办理备案手续。若涉及返程投资的，应对实际发生返程投资的受控境外公司办理备案手续。

2.3.7 境内机构境外放款额度登记

【业务说明】

辖内企业拟从事境外放款的，应在放款协议签订后向北京外汇管理部提出境外放款额度登记申请。放款人境外放款余额原则上不得超过其所有者权益的30%，并不得超过借款人已办妥相关登记手续的中方协议投资额。

【办理依据】

1.《境内外汇账户管理规定》（银发［1997］46号）；

2.《国家外汇管理局关于境内企业境外放款外汇管理有关问题的通知》（汇发［2009］24号）；

3.《国家外汇管理局关于鼓励和引导民间投资健康发展有关外汇管理问题的通知》（汇发［2012］33号文）；

4.《国家外汇管理局关于进一步改进和调整直接投资外汇管理政策的通知》（汇发［2012］59号）。

【办理流程及时限】

申请人准备材料 → 提交北京外汇管理部资本项目处审核 → 北京外汇管理部办理登记

办理时限：申请材料齐备之日起10个工作日内；需要集体审议的，于20个工作日内办理完毕。

【提交材料】

1. 境外放款外汇登记业务申请表（可到北京外汇管理部网址下载）；
2. 外汇登记凭证原件及复印件；
3. 境外放款协议；
4. 放款人最近一期财务审计报告；
5. 北京外汇管理部要求的其他相关材料。

上述所有书面材料需加盖单位公章。

【注意事项】

境内子公司可向境外母公司放款，但放款金额不得超过境外母公司享有的境内子公司应付股利与未分配利润余额之和。

2.3.8 境内机构境外放款额度变更与注销登记

【业务说明】

辖内企业境外放款如发生额度、利率、期限等变更事项，应向北京外汇管理部提出变更登记申请。境外放款还本付息完毕后（含债转股、债务豁免或担保履约），不再进行境外放款的，应向北京外汇管理部提出境外放款额度注销申请。

【办理依据】

1.《境内外汇账户管理规定》（银发［1997］46号）；

2.《国家外汇管理局关于境内企业境外放款外汇管理有关问题的通知》（汇发［2009］24号）；

3.《国家外汇管理局关于进一步改进和调整直接投资外汇管理政策的通知》（汇发［2012］59号）。

【办理流程及时限】

申请人准备材料 → 提交北京外汇管理部资本项目处审核 → 北京外汇管理部办理登记

办理时限：申请材料齐备之日起10个工作日内。

【提交材料】

一、变更

1. 境外放款外汇登记业务申请表（可到北京外汇管理部网址下载）；
2. 外汇登记凭证原件及复印件；
3. 变更后的放款协议；
4. 放款人最近一期财务审计报告；
5. 北京外汇管理部要求的其他相关材料。

二、注销

1. 境外放款外汇登记业务申请表（可到北京外汇管理部网址下载）；
2. 外汇登记凭证原件及复印件；
3. 北京外汇管理部要求的其他相关材料。

上述所有书面材料需加盖单位公章。

【注意事项】

辖内企业自获得北京外汇管理部登记境外放款额度之日起2年内未办理放款业务的，境外放款额度自动注销。

2.3.9 境内机构境外直接投资清算登记

【业务说明】

辖内机构境外直接投资在获得境外直接投资主管部门清算注销核准

后，应向北京外汇管理部提出境外直接投资清算登记申请。登记后，境外企业因清算需汇回资金的，到银行办理后续境外资产变现账户开立、汇回资金入账手续。

【办理依据】

1.《关于外国投资者并购境内企业的规定》（商务部令 2006 年第 10 号）；

2.《国家外汇管理局关于发布〈境内机构境外直接投资外汇管理规定〉的通知》（汇发［2009］30 号）；

3.《国家外汇管理局关于进一步改进和调整直接投资外汇管理政策的通知》（汇发［2012］59 号）。

【办理流程及时限】

办理时限：申请材料齐备之日起 5 个工作日内。

【提交材料】

1. 境外直接投资外汇登记业务申请表（可到北京外汇管理部网址下载）；

2. 外汇登记凭证原件及复印件；

3. 境外投资主管部门对注销事项的批准或备案文件原件及复印件（依据《关于外国投资者并购境内企业的规定》设立的特殊目的公司，相关注销事项需提供商务部的批准文件）；

4. 清算审计报告或财务报表；

5. 北京外汇管理部要求的其他相关材料。

上述所有书面材料需加盖单位公章。

【注意事项】

多个境内机构共同实施一项境外直接投资的，由约定的其中一家境内机构向其注册地外汇局申请办理清算登记。

第四节（2.4） 外债

2.4.1 短期外债余额控制指标申请

【业务说明】

辖内中资非金融企业法人举借短期外债需向北京外汇管理部申请短期外债余额控制指标。短期外债实行余额管理，企业任何时点的短期外债余额均不得超过北京外汇管理部核定的短期外债余额控制指标。外债余额控制指标每年度集中核定一次。

【办理依据】

1.《境内机构借用国际商业贷款管理办法》（[97] 汇政发字 06 号）；

2. 当年国家外汇管理局核定年度短期外债指标文件。

【办理流程及时限】

办理时限：国家外汇管理局核定当年短期外债指标后 20 个工作日内。

【提交资料】

1. 书面申请（公司基本情况、上年度指标使用情况、融资需求、偿还能力等）；

2. 经会计师事务所验证的上年度资产负债表和损益表（第一次申请的机构，应提供近三年的财务报表。新成立企业除外）；

3. 上年度外汇收支情况；

4. 信贷机构出具的承诺贷款的意向书（意向书如为外文，除意向书原件外，还应提供主要条款中文翻译件）；

5. 北京外汇管理部要求的其他相关材料。

上述所有书面材料需加盖单位公章。

【注意事项】

短期外债仅用于短期贷款或流动资金，不得进行固定资产投资、长期贷款以及金融性投机交易。未经北京外汇管理部核准，辖内中资企业借入的外债不得结汇。

2.4.2 外债登记、变更及外债专用账户开户、变更

A. 发行境外债券办理外债登记

【业务说明】

辖内债务人在境外发行债券后应向北京外汇管理部申请办理外债登记手续。中资机构办理外债登记手续时应先进行借款资格审核。

【办理依据】

1.《境内机构发行外币债券管理办法》（[97] 汇政发字 06 号）；

2.《国务院办公厅转发国家计委、人民银行关于进一步加强对外发债管理意见的通知》（国办发 [2000] 23 号）；

3.《外债管理暂行办法》（2003 年）；

4.《国家外汇管理局关于取消部分资本项目外汇管理行政审批后过渡政策措施的通知》（汇发 [2003] 50 号）。

【办理流程及时限】

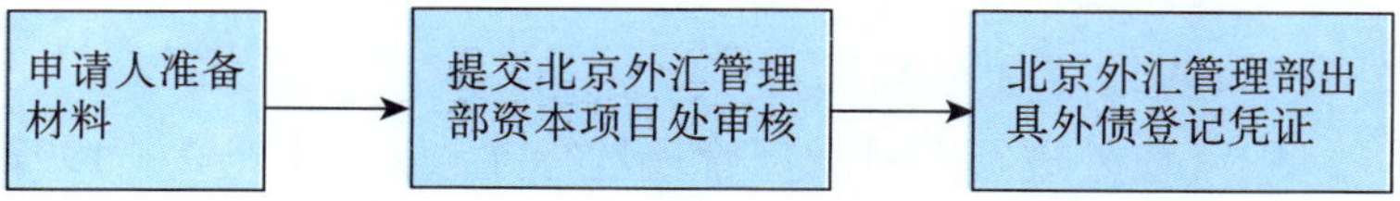

办理时限：申请材料齐备之日起20个工作日内。

【提交资料】

1. 书面申请（主承销商、主受托行和其他承销商的情况；有关债券发行市场、发行方式的情况；债券发行金额、币别、期限、利率及发行费用情况；评级机构的评级结果；与债务有关的汇率、利率风险管理措施）；

2. 最近3年的经营业绩、财务状况及相关财务报表；

3. 国家主管部门关于融资项目可行性研究报告的批复文件复印件；

4. 纳入国家利用外资指标计划指标的证明文件复印件；

5. 如发行可转换债券的，需提供主管部门关于可转换的批复文件复印件；

6. 资金用途说明；

7. 北京外汇管理部要求的其他相关材料。

上述所有书面材料需加盖单位公章。

B. 外债签约即时逐笔登记

【业务说明】

辖内债务人签订外债合同后15个工作日内应向北京外汇管理部申请办理外债登记手续。外债登记后，超过借款合同约定的首次提款日3个月内未提款，该笔外债登记自动失效；辖内债务人借用人民币外债，原则上按照现行外债管理规定操作；外债登记、展期和变更及外债转贷款展期和变更登记参照本条执行。

【办理依据】

1. 《外债统计监测暂行规定》及其实施细则（分别于1987年和1997年公布）；

2. 《境内机构借用国际商业贷款管理办法》（[97] 汇政发字06号）；

3. 《外债管理暂行办法》（2003年）；

4. 《国家计委关于借用国外贷款实行全口径计划管理的通知》（计外资［1996］751号）；

5. 《境外进行项目融资管理暂行办法》（计外资［1997］612号）；

6.《外汇（转）贷款登记管理办法》1989年；

7.《国家外汇管理局关于取消部分资本项目外汇管理行政审批后过渡政策措施的通知》（汇发（2003）50号）；

8.《国家外汇管理局关于改进外商投资企业资本项目结汇与外债登记管理工作的通知》（汇发［2004］42号）；

9.《关于实施〈境内外资银行外债管理办法〉有关问题的通知》（汇发［2004］59号）；

10.《外汇担保项下人民币贷款有关问题的补充通知》（汇发［2005］26号）；

11.《国家外汇管理局关于完善外债管理有关问题的通知》（汇发［2005］74号）；

12.《国家外汇管理局综合司关于下发第一批通过商务部备案的外商投资房地产项目名单的通知》（汇综发［2007］130号）；

13.《国家外汇管理局综合司关于外商投资房地产企业外债登记有关问题的批复》（汇综复［2007］118号）。

【办理流程及时限】

办理时限：申请材料齐备之日起20个工作日内。

【提交资料】

1. 资本项目外债逐笔登记申请表（可到北京外汇管理部网址下载）；

2. 借款合同（合同文字如为外文的，应提交主要条款的中文译本，并加盖借款单位公章）；项目融资的应提供与项目融资有关的主要合同及内容摘要，如有与项目融资相关的具有保证性质的文件，也需提供；飞机融资租赁的需提供融资租赁协议及担保协议；

3. 应事前批准的外债需提供有关部门的批准文件复印件；

4. 债务人如为外商投资企业，应当提供外商投资企业FDI系统基本信息打印页面，注册会计师出具的最近一期验资报告；

5. 外商投资企业境内融资有境外机构担保的，因担保人履约形成对外负债的，应提供境外保证项下本外币贷款合同，担保合同及担保人履约凭证；

6. 中长期国际商业贷款登记时，如项目单位委托金融机构转贷的，还需提供项目单位签署的借款委托书；

7. 北京外汇管理部要求的其他相关材料。

上述所有书面材料需加盖单位公章。

【注意事项】

1. 外债补登记按照《关于外债、对外担保补登记有关问题的通知》（汇资函（1999）77 号）执行；

2. 遗失外债登记凭证的债务人应当在全国性报纸刊登遗失声明后方可到北京外汇管理部补办登记凭证；

3. 外债转增资的，北京外汇管理部凭债务人提供的主管部门批准增资的文件、债权人同意债权转股权的证明文件及其他相关材料办理外债核减或注销手续。

C. 外债、外债转贷款专用账户的开立、变更

【业务说明】

辖内债务人在外债登记的同时可向北京外汇管理部申请开立外债专用账户。每笔登记的债务对应一个外债专户；现汇形式的债务资金必须进入外债专户；外债专户的收入为该笔登记外债的资金，支出为贷款合同规定的经常项目支出和经北京外汇管理部批准的资本项目支出，结汇需经北京外汇管理部核准；境内机构借用人民币外债以跨境人民币形式汇入并提款的，无需就该笔外债资金申请开立外债专用账户。

【办理依据】

1. 《境内外汇账户管理规定》（银发［1997］416 号）；

2. 《外债统计监测暂行规定》（1987 年）及其实施细则（［97］汇政发字 06 号）；

3.《外汇（转）贷款登记管理办法》（银发［1989］284号）；

4. 国家外汇管理局关于启用新版《国家外汇管理局资本项目外汇业务核准件》的通知（汇发［2001］45号）。

【办理流程及时限】

办理时限：申请材料齐备之日起20个工作日内。

【提交资料】

一、开立账户

1. 资本项目外汇账户报批表（可到北京外汇管理部网址下载）；

2. 外债或外债转贷款签约情况表原件及复印件；

3. 如为外商投资企业，还需提供外商投资企业FDI系统基本信息打印页面；

4. 北京外汇管理部要求的其他相关材料。

二、变更和关闭

1. 变更账户或销户书面申请（尚有余额的需同时注明余额处理办法）；账户余额在1000美元（含）以下的销户可直接到银行办理；

2. 如为外商投资企业，还需提供外商投资企业FDI系统基本信息打印页面；

3. 外债或外债转贷款签约情况表原件及复印件；

4. 外债、外债转贷款专户最近5个工作日内银行对账单；

5. 变更账户仅需提供第1－3项资料；

6. 北京外汇管理部要求的其他相关材料。

上述所有书面材料需加盖单位公章。

2.4.3 外债、外债转贷款逐笔提款登记

【业务说明】

辖内债务人外债、外债转贷款资金划入外债专用账户后5个工作日内，应向北京外汇管理部提出外债、外债转贷款提款登记申请。实际汇款人应与外债合同上的债权人一致。

【办理依据】

1.《外债统计监测暂行规定》及其实施细则（分别于1987年和1997年公布）；

2.《外汇（转）贷款登记管理办法》（银发［1989］284号）；

3.《关于国际金融组织贷款项目外汇管理若干问题的通知》（1999年公布）；

4.《关于国际经济合作基金和援外合作基金外汇管理问题的复函》（1999年公布）。

【办理流程及时限】

申请机构准备材料 → 提交北京外汇管理部资本项目处审核 → 北京外汇管理部在系统中登记外债提款信息

办理时限：申请材料齐备之日起20个工作日内。

【提交资料】

1. 现汇提款登记时，提供银行盖章的外债专户入账凭证；

2. 债务签约情况表原件及复印件；

3. 融资租赁等实物融资提款登记时，需持已经北京外汇管理部核销部门核对且未对外支付的海关进口货物报关单或未付汇证明、商业发票正本（辖内机构的海关报关单可为复印件或其他证明提款的材料）；

4. 资本项目外债账户提款反馈报批表（可到北京外汇管理部网址

下载）；

5. 北京外汇管理部要求的其他相关材料。

上述所有书面材料需加盖单位公章。

2.4.4 外债、外债转贷款结汇

【业务说明】

辖内债务人办理外债或外债转贷款结汇应向北京外汇管理部申请。申请结汇的金额应在已办理提款登记的金额之内。结汇后人民币资金用途应与借款合同规定的用途一致，不得用于偿还金融机构人民币债务；中资企业和中、外资银行借用的外债资金不得结汇。

【办理依据】

1.《结汇、售汇、付汇管理规定》（1996年公布）；

2.《国家外汇管理局关于改进外商投资企业资本项目结汇审核与外债登记管理工作的通知》（汇发［2004］42号）；

3.《国家外汇管理局综合司关于下发第一批通过商务部备案的外商投资房地产项目名单的通知》（汇综发［2007］130号）。

【办理流程及时限】

办理时限：申请材料齐备之日起20个工作日内。

【提交资料】

1. 资本项目外汇债务结汇申请表（可到北京外汇管理部网址下载）；

2. 外债或外债转贷款签约情况表原件及复印件；

3. 外债、外债转贷款专户最近5个工作日内银行对账单；

4. 外商投资企业外债结汇金额在等值20万美元以上应提供付款人有关结汇资金用途的书面支付命令，及与结汇资金用途相关的合同或凭证；

5. 对于企业支付工资、留存备用金或结汇资金在等值20万美元以下的（含）的小额支付，在办理下一笔小额支付结汇时，应提供上一笔结汇资金的用途明细清单；

6. 北京外汇管理部要求的其他相关材料。

上述所有书面材料需加盖单位公章。

2.4.5 外债、外债转贷款还本付息

【业务说明】

辖内债务人偿还债务本息需向北京外汇管理部申请办理核准手续。所偿还的本金应已办理提款登记；提前还款的，贷款合同中应有提前还款条款，且债权人、债务人均同意提前还款，并由债务人提出申请；还本付息时，原汇款人与债权人不一致的，只能还给债权人；债务清偿完毕后，应立即注销登记凭证。外债转贷款的还本付息参照本条（部分已实行债权人集中登记的转贷款除外）；支付债务从属费用参照本条。

【办理依据】

1. 《结汇、售汇及付汇管理规定》（1996年公布）；

2. 《外债统计监测规定》及其实施细则（分别于1987年和1997年公布）；

3. 《外汇（转）贷款登记管理办法》（1989年公布）；

4. 《中国人民银行、国家外汇管理局关于调整资本项下部分购汇管理措施的通知》（银发［2001］304号）；

5. 《国家外汇管理局关于调整购汇提前还贷管理措施的通知》（汇发［2002］38号）；

6. 《外债管理暂行办法》（2003年）；

7. 《境内外资银行外债管理办法》（国家发展和改革委员会中国人

民银行 中国银行业监督管理委员会令［2004］第9号）；

8.《关于服务贸易等项目对外支付提交税务证明有关问题的通知》（汇发［2008］64号）。

【办理流程及时限】

申请机构准备材料 → 提交北京外汇管理部资本项目处审核 → 北京外汇管理部出具还本付息购付汇核准

办理时限：申请材料齐备之日起20个工作日内。

【提交资料】

1. 资本项目外汇债务付汇业务报批表（可到北京外汇管理部网址下载）；

2. 债务签约情况表原件及复印件；

3. 债权人提供的还本付息通知书；

4. 向境外单笔支付等值3万美元以上（不含等值3万美元）的，应提交主管税务机关出具的税务证明；

5. 因债务豁免申请注销外债登记的，应提供债权人出具的豁免通知或其他相关证明文件；

6. 外债转资本金（包括转为本企业或其他外商投资企业资本金）注销外债登记的还应提供境外债权人书面确认书、商务主管部门批复文件，文件中需明确企业增资的资金来源为已登记外债；外债应付利息转增资的还应提供税务部门出具的税务证明（完税或免税）；

7. 以现汇还本付息时，需提供外汇账户最近5个工作日内银行对账单；

8. 如为外商投资企业，还需提供外商投资企业FDI系统基本信息打印页面；

9. 北京外汇管理部要求的其他相关材料。

上述所有书面材料需加盖单位公章。

2.4.6 外债专用账户关闭

此项业务办理参见 2.4.2。

2.4.7 外债签约即时逐笔登记注销

【业务说明】

辖内债务人偿清全部债务或迁移等情形需向北京外汇管理部提出外债登记注销申请。外商投资企业应在办理外商投资企业外汇登记（直接投资）注销之前办理外债注销手续。

【办理依据】

1.《外债统计监测暂行规定》及其实施细则（分别于 1987 年和 1997 年公布）;

2.《境内机构借用国际商业贷款管理办法》（[97] 汇政发字 06 号）;

3.《外债管理暂行办法》（国家计委第 2003 年第 28 号）;

4.《外汇（转）贷款登记管理办法》（1989 年公布）。

【办理流程及时限】

办理时限：申请材料齐备之日起 20 个工作日内。

【提交资料】

一、因债务清偿需办理外债注销手续

1. 资本项目外债逐笔登记申请表（可到北京外汇管理部网址下载）;

2. 外债登记凭证原件；
3. 外债签约情况表原件；
4. 北京外汇管理部要求的其他相关材料。

二、因注册地变更需办理外债注销手续

1. 资本项目外债逐笔登记申请表（可到北京外汇管理部网址下载）；
2. 营业执照副本原件及复印件；外债登记凭证原件；
3. 全部外债签约情况表原件；
4. 北京外汇管理部要求的其他相关材料。

上述所有书面材料需加盖单位公章。

第五节（2.5） 对外担保（含保证、抵押、质押）

2.5.1 逐笔核准申请

【业务说明】

辖内担保人提供对外担保需事先向北京外汇管理部申请办理核准手续。核准后，担保人6个月内仍未出具对外担保的，批准文件自动失效；如需继续担保，担保人须另行报批。

本条所指对外担保，是指担保人注册地在境内，被担保人或受益人至少有一方在境外注册的担保。不在此范围内、但涉及外汇或跨境交易的担保，受其他相关法规的约束。

【办理依据】

1.《境内机构对外担保管理办法》（银发［1996］302号）；
2.《境内机构对外担保管理办法实施细则》（［97］汇政发字第10号）；
3.《关于境内机构对外担保管理问题的通知》（汇发［2010］39

号）；

4.《关于外债、对外担保补登记有关问题的通知》（汇资函［1999］77 号）；

5.《境外投资项目核准暂行管理办法》（中华人民共和国国家发展改革委员会第 21 号）、《国家发展改革委关于完善境外投资项目管理有关问题的通知》（发改外资［2009］1479 号）。

【办理流程及时限】

办理时限：申请材料齐备之日起 20 个工作日内。

【提交资料】

1. 书面申请；

2. 境内机构提供对外担保逐笔核准申请表（可到北京外汇管理部网址下载）；

3. 对外担保项下主债务合同意向书（如为外文的，应提交主要条款的中文译本）；

4. 经会计师事务所审计的担保人、被担保人上年度资产负债表、损益表；

5. 被担保人在境内的，提供营业执照复印件（如为外商投资企业，提供外商投资企业批准证书及批复）；被担保人在境外的，应提供与被担保人有关的外汇局境外投资外汇登记文件和境外投资主管部门的批准文件；被担保人为境内机构设在境外的二级以上子公司的，应当提供境外一级子公司的境外投资批准文件以及被担保人与境外一级子公司的股权关联证明文件复印件；对外担保履约责任为境外注册企业股权转让合同项下受让方付款义务的，或者对外担保项下融资用于收购境外注册企业股权的，应当提供国家发改委或其他相关部门出具的关于该收购或竞标项目的批准文件复印件；

6. 北京外汇管理部要求的其他相关材料。

上述所有书面材料需加盖单位公章。

2.5.2 对外担保余额指标申请

【业务说明】

对外担保业务笔数较多、内部管理规范的辖内企业可申请核定余额指标。拟申请指标的企业应于每年4月15日之前向北京外汇管理部提出当年担保余额指标申请。

【办理依据】

1. 《境内机构对外担保管理办法》(银发［1996］302号);

2. 《境内机构对外担保管理办法实施细则》(［97］汇政发字第10号);

3. 《关于境内机构对外担保管理问题的通知》(汇发［2010］39号);

4. 《关于外债、对外担保补登记有关问题的通知》(汇资函［1999］77号);

5. 《境外投资项目核准暂行管理办法》(中华人民共和国国家发展改革委员会第21号)、《国家发展改革委关于完善境外投资项目管理有关问题的通知》(发改外资［2009］1479号)。

【办理流程及时限】

办理时限：申请材料齐备之日起20个工作日内。

【提交资料】

1. 书面申请(基本情况、上年度指标使用情况、指标需求等);

2. 对外担保合同意向书和对外担保项下主债务合同意向书;

3. 经会计师事务所审计的担保人、被担保人上年度会计报表；

4. 北京外汇管理部要求的其他相关材料：如被担保人在境内依法注册地营业执照；境外投资主管部门的批准文件；外汇局境外投资外汇登记证明；二级以下子公司与一级子公司的股权关系证明文件；总行对分支机构的书面授权；对外担保余额指标的使用及履约情况报告；金融业务许可证；境外投资主管部门关于境外收购或竞标项目的批准文件；股权转让合同；抵押物的所有权证明或相关批准文件等。

上述所有书面材料需加盖单位公章。

2.5.3 对外担保即期逐笔登记

【业务说明】

辖内担保人签订担保合同后 15 日内应向北京外汇管理部申请办理对外担保登记。

担保展期登记参照本条办理。

【办理依据】

1. 《境内机构对外担保管理办法》（银发［1996］302 号）；
2. 《境内机构对外担保管理办法实施细则》（［97］汇政发字第 10 号）；
3. 《关于境内机构对外担保管理问题的通知》（汇发［2010］39 号）；
4. 《关于外债、对外担保补登记有关问题的通知》（汇资函［1999］77 号）；
5. 《境外投资项目核准暂行管理办法》（中华人民共和国国家发展改革委员会第 21 号）、《国家发展改革委关于完善境外投资项目管理有关问题的通知》（发改外资［2009］1479 号）。

【办理流程及时限】

办理时限：申请材料齐备之日起20个工作日内。

【提交资料】

1. 资本项目对外担保逐笔登记申请表（可到北京外汇管理部网址下载）；

2. 对外担保登记表（承担连带担保责任的担保人登记时，“担保人”栏只注明登记申请人，“备注”栏中注明其他连带责任人，“担保金额”栏中填写担保约定金额）；

3. 为自身债务出具担保的，应提供外债登记凭证原件及复印件；

4. 为他人提供担保的，应提供担保项下主债务合同（合同如为外文的，应提交主要条款的中文译本）；

5. 需事先批准的对外担保，还应提供北京外汇管理部批准文件复印件；

6. 对外担保合同（如为外文的，应提交主要条款的中文译本）；

7. 北京外汇管理部要求的其他相关材料。

上述所有书面材料需加盖单位公章。

2.5.4 对外担保履约核准申请

【业务说明】

辖内担保人对外担保履约需经北京外汇管理部核准。担保人购汇履约后，被担保人在向担保人履行偿还义务时，不得购汇；履约全部完毕后应及时注销登记凭证。

【办理依据】

1. 《中华人民共和国担保法》（1995年）；

2. 《境内机构对外担保管理办法》（银发［1996］302号）及其《实施细则》（［97］汇政发字10号）；

3. 《国家外汇管理局关于转发和执行［最高人民法院关于适用“中华人民共和国担保法”若干问题的解释］的通知》（2001年）；

4. 《关于境内机构对外担保管理问题的通知》（汇发［2010］39号）。

【办理流程及时限】

办理时限：申请材料齐备之日起20个工作日内。

【提交资料】

1. 资本项目外汇债务担保履约报批表（可到北京外汇管理部网址下载）；

2. 对外担保登记凭证。被担保人为境内机构的还应提供债务登记凭证原件及复印件；

3. 债权人要求担保履约的通知书；

4. 被担保人上年度财务报表；

5. 经法院等部门裁决履约的，还应提供相关的裁决文件复印件；

6. 北京外汇管理部要求的其他相关材料。

上述所有书面材料需加盖单位公章。

2.5.5 对外担保登记注销

【业务说明】

辖内担保人应自担保项下债务到期、担保业务履行完毕后或出现终止担保合同的其他情形之日起15日内，向北京外汇管理部提出对外担保注销申请。

【办理依据】

1. 《境内机构对外担保管理办法》（银发［1996］302号）；

2. 《境内机构对外担保管理办法实施细则》（［97］汇政发字第10号）；

3. 《关于境内机构对外担保管理问题的通知》（汇发［2010］39

号）；

4.《关于外债、对外担保补登记有关问题的通知》（汇资函［1999］77号）；

5.《境外投资项目核准暂行管理办法》（中华人民共和国国家发展改革委员会第21号）、《国家发展改革委关于完善境外投资项目管理有关问题的通知》（发改外资［2009］1479号）。

【办理流程及时限】

办理时限：申请材料齐备之日起20个工作日内。

【提交资料】

1. 书面申请（含注销原因）；
2. 对外担保登记证明原件；
3. 北京外汇管理部要求的其他相关材料。

上述所有书面材料需加盖单位公章。

第六节（2.6） 外商来华直接投资

2.6.1 前期费用登记

【业务说明】

外国投资者在辖内设立外商投资企业前有费用发生的（如市场调查、策划等发生的临时性费用支出），应向北京外汇管理部申请办理前期费用登记。登记后经银行流入备案的前期费用（含跨境人民币），可作为外国投资者后续设立外商投资企业的出资。

前期费用登记每一投资项目金额原则上不得超过等值30万美元。

拟成立资源开采类企业的，如果项目已获得主管部门批准，北京外汇管理部可按实需原则登记前期费用金额。

【办理依据】

1.《境内外汇账户管理规定》（银发［1997］46号）；

2.《国家外汇管理局关于调整部分资本项目外汇业务审批权限的通知》（汇发［2009］21号）；

3.《国家外汇管理局关于进一步明确和规范部分资本项目外汇业务管理有关问题的通知》（汇发［2011］45号）；

4.《国家外汇管理局关于进一步改进和调整直接投资外汇管理政策的通知》（汇发［2012］59号）。

【办理流程及时限】

申请人准备材料 → 提交北京外汇管理部资本项目处审核 → 北京外汇管理部办理前期费用登记

办理时限：申请材料齐备之日起5个工作日内；需要集体审议的，应于20个工作日内办理完毕。

【提交材料】

1. 外商直接投资外汇登记业务申请表（可到北京外汇管理部网址下载）；

2. 工商行政管理部门出具的公司名称预先核准通知书或行业主管部门出具的相关证明原件及复印件；

3. 北京外汇管理部要求的其他相关材料。

上述所有书面材料需加盖单位公章。

【注意事项】

前期费用登记后，企业到银行办理前期费用账户开户手续；如确有客观原因，超过工商行政管理部门出具的公司名称预先核准通知书时限的，企业可持变更后的工商行政管理部门出具的公司名称预先核准通知书适当延长账户时限，但最长不得超过12个月。

2.6.2 新设外商投资企业外汇登记

【业务说明】

辖内外商投资企业在获得相关主管部门批准后，应及时到北京外汇管理部办理外汇登记。外商投资企业应全额登记外国投资者各类出资形式及金额；跨境人民币与跨境现汇流入总额不得超过已登记的外国投资者跨境可汇入资金总额。

外商投资性公司与外国投资者共同出资的，被投资企业仍需办理外汇登记手续，外商投资性公司视为中方股东登记；外商投资性公司境内再投资新设的外商投资企业参照2.6.10办理；外国投资者直接或间接被境内居民持股或控制但不属于特殊目的公司的，应按规定办理境外投资外汇登记或备案手续，属于特殊目的公司返程投资的，应先按规定办理特殊目的公司登记；设立其他外商投资非法人机构的，参照本条办理。

【办理依据】

1.《关于下发〈外商投资企业外汇登记管理暂行办法〉的通知》（[96] 汇资函字第187号）；

2.《国家外汇管理局关于加强外商投资企业审批、登记、外汇及税收管理有关问题的通知》（外经贸法发［2002］575号）；

3.《国家外汇管理局关于境内居民通过境外特殊目的公司融资及返程投资外汇管理有关问题的通知》（汇发［2005］75号）；

4.《关于外商投资的公司审批登记管理法律适用若干问题的执行意见》（工商外企字［2006］81号）；

5.《国家外汇管理局 建设部关于规范房地产市场外汇管理有关问题的通知》（汇发［2006］47号）；

6.《国家外汇管理局 国家税务总局关于服务贸易等项目对外支付提交税务证明有关问题的通知》（汇发［2008］64号）；

7.《国家外汇管理局综合司关于外商投资房地产企业外汇登记有关问题的通知》（汇综发［2009］42号）；

8.《国家外汇管理局 国家税务总局关于进一步明确服务贸易等项目对外支付提交税务证明有关问题的通知》（汇发［2009］52 号）；

9.《国家外汇管理局关于印发〈境内居民通过境外特殊目的公司融资及返程投资外汇管理操作规程〉的通知》（汇发［2011］19 号）；

10.《国家外汇管理局关于进一步改进和调整直接投资外汇管理政策的通知》（汇发［2012］59 号）。

【办理流程及时限】

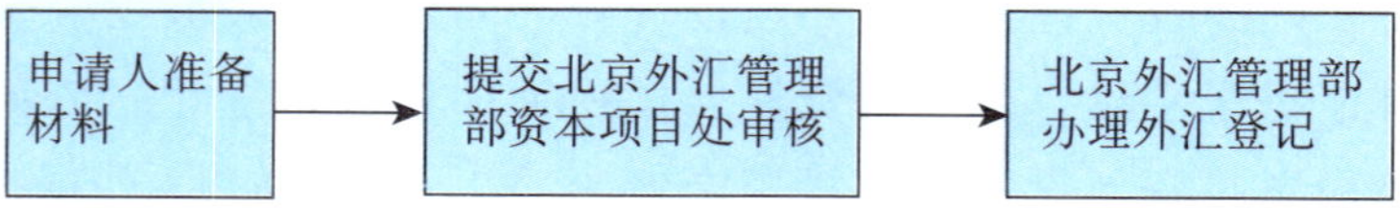

办理时限：申请材料齐备的之日起 5 个工作日；需标识“个人非特殊目的公司返程投资”的，总局批复后 5 个工作日内。

【提交材料】

1. 外商直接投资外汇登记业务申请表（可到北京外汇管理部网址下载）；

2. 组织机构代码证及营业执照副本原件及复印件（依规定需先验资后办理工商登记的企业，可不提供营业执照副本）；

3. 有关主管部门批准设立文件，有外商投资企业批准证书的应提供该证书原件及复印件（外商投资合伙企业仅需提供包括外商投资合伙企业全部登记事项在内的加盖工商部门印章的企业基本信息单）；

4. 经外汇局登记的境外特殊目的公司返程投资设立外商投资企业的，另需提供境内居民个人境外投资外汇登记表；外资房地产企业另需提供已通过商务部备案的证明材料；

5. 外国投资者以其境内合法所得在境内投资新设外商投资企业的，还应提交服务贸易、收益、经常转移和部分资本项目对外支付税务证明原件（金额在 3 万美元及以下的无需提交）。涉及清算所得再投资新设外商投资企业的，如系普通清算，应提供会计师事务所出具的清算企业清算审计报告；如系特别清算，应提供主管部门确认的清算报告；

6. 北京外汇管理部要求的其他相关材料。

上述所有书面材料需加盖单位公章。

2.6.3 外商投资合伙企业外方出资确认登记

【业务说明】

外方出资在辖内设立外商投资合伙企业的，应向北京外汇管理部提出外方出资确认登记申请。

【办理依据】

1.《财政部　国家外汇管理局关于进一步加强外商投资企业验资工作及健全外资外汇登记制度的通知》（财会［2002］1017号）；

2.《国家外汇管理局关于在出口加工区、保税区和上海钻石交易所开展外商直接投资验资询证及外资外汇登记工作的通知》（汇发［2004］108号）；

3.《国家外汇管理局关于印发〈保税监管区域外汇管理办法〉的通知》（汇发［2007］52号）；

4.《国家外汇管理局关于进一步改进和调整直接投资外汇管理政策的通知》（汇发［2012］59号）。

【办理流程及时限】

办理时限：申请材料齐之日起3个工作日内。

【提交材料】

1. 外方出资确认登记申请表（可到北京外汇管理部网址下载）；
2. 外汇登记凭证原件及复印件；

3. 外国合伙人以非货币形式出资的，需提交以下证明材料：

（1）实物出资提供报关单或进境备案清单；

（2）无形资产出资出具无形资产价值评估报告；

（3）其他出资出具相关真实性证明材料。

4. 北京外汇管理部要求的其他相关材料。

上述所有书面材料需加盖单位公章。

2.6.4 外国投资者并购境内企业办理外商投资企业外汇登记

【业务说明】

辖内外商投资企业在获得相关主管部门批准并购境内企业后，应向北京外汇管理部提出外汇登记申请。外商投资企业应全额登记外国投资者各类出资形式及金额；跨境人民币与跨境现汇流入总额不得超过已登记的外国投资者跨境可汇入资金总额。

外商投资性公司境内再投资并购设立的外商投资企业，参照2.6.10办理；外商投资性公司与外国投资者共同出资的，被投资企业仍需办理外汇登记手续，外商投资性公司视为中方股东登记；并购设立其他外商投资非法人机构的，参照本条办理。

【办理依据】

1.《国家外汇管理局关于下发〈外商投资企业外汇登记管理暂行办法〉的通知》（[96] 汇资函字第187号）；

2.《关于加强外商投资企业审批、登记、外汇及税收管理有关问题的通知》（外经贸法发［2002］575号）；

3.《国家外汇管理局关于境内居民通过境外特殊目的公司融资及返程投资外汇管理有关问题的通知》（汇发［2005］75号）；

4.《关于外商投资的公司审批登记管理法律适用若干问题的执行意见》（工商外企字［2006］81号）；

5.《关于外国投资者并购境内企业的规定》（商务部令2006年第10号）；

6.《国家外汇管理局 建设部关于规范房地产市场外汇管理有关问

题的通知》（汇发［2006］47 号）；

7.《国家外汇管理局 国家税务总局关于服务贸易等项目对外支付提交税务证明有关问题的通知》（汇发［2008］64 号）；

8.《国家外汇管理局综合司关于外商投资房地产企业外汇登记有关问题的通知》（汇综发［2009］42 号）；

9.《国家外汇管理局 国家税务总局关于进一步明确服务贸易等项目对外支付提交税务证明有关问题的通知》（汇发［2009］52 号）；

10.《国家外汇管理局关于印发〈境内居民通过境外特殊目的公司融资及返程投资外汇管理操作规程〉的通知》（汇发［2011］19 号）；

11.《国家外汇管理局关于进一步改进和调整直接投资外汇管理政策的通知》（汇发［2012］59 号）。

【办理流程及时限】

办理时限：申请材料齐备之日起 5 个工作日内；需标识“个人非特殊目的公司返程投资”的，总局批复后 5 个工作日内。

【提交材料】

1. 外商直接投资外汇登记业务申请表（可到北京外汇管理部网址下载）；

2. 组织机构代码证及变更为外商投资企业后的营业执照副本原件及复印件（依规定需要先验资后办理工商登记变更的企业，可不提供变更后的营业执照副本）；外国投资者并购境内企业同时增加注册资本的，不要求提供变更后的营业执照副本原件及复印件；

3. 有关主管部门批准设立文件，有外商投资企业批准证书的应提供该证书原件及复印件（外商投资合伙企业仅需提供包括外商投资合伙企业全部登记事项在内的加盖工商部门印章的企业基本信息单）；

4. 经外汇局登记的境外特殊目的公司以关联并购形式返程投资的，应出具商务部批准设立的文件及境内居民个人境外投资外汇登记表原件及复印件；外资房地产企业另需提供已通过商务部备案的证明材料；

5. 外国投资者以其境内合法所得在辖内并购设立外商投资企业，还应提交服务贸易、收益、经常转移和部分资本项目对外支付税务证明原件（金额在3万美元及以下的无需提交）；涉及清算所得再投资并购的，如系普通清算，应提供会计师事务所出具的清算企业清算审计报告；如系特别清算，应提供主管部门确认的清算报告；

6. 北京外汇管理部要求的其他相关材料。

上述所有书面材料需加盖单位公章。

2.6.5 验资询证及出资确认登记

A. 外商投资企业外国投资者货币出资验资询证及出资确认登记

【业务说明】

辖内外商投资企业收到外国投资者现汇或跨境人民币出资后，应委托会计师事务所向北京外汇管理部提出验资询证及出资确认登记申请。确认登记后，方可将相应从外商投资企业中获得的清算、减资、股权转让、先行回收投资、利润分配等所得汇出境外或进行境内再投资。

【办理依据】

1. 《财政部、国家外汇管理局关于进一步加强外商投资企业验资工作及健全外资外汇登记制度的通知》（财会［2002］1017号）；

2. 《国家外汇管理局关于开展外商直接投资外汇登记工作有关问题的通知》（汇发［2002］42号）；

3. 《国家外汇管理局关于在出口加工区、保税区和上海钻石交易所开展外商直接投资验资询证及外资外汇登记工作的通知》（汇发［2004］108号）；

4. 《国家外汇管理局关于印发〈保税监管区域外汇管理办法〉的通知》（汇发［2007］52号）；

5. 《国家外汇管理局关于进一步改进和调整直接投资外汇管理政策的通知》（汇发［2012］59号）。

【办理流程及时限】

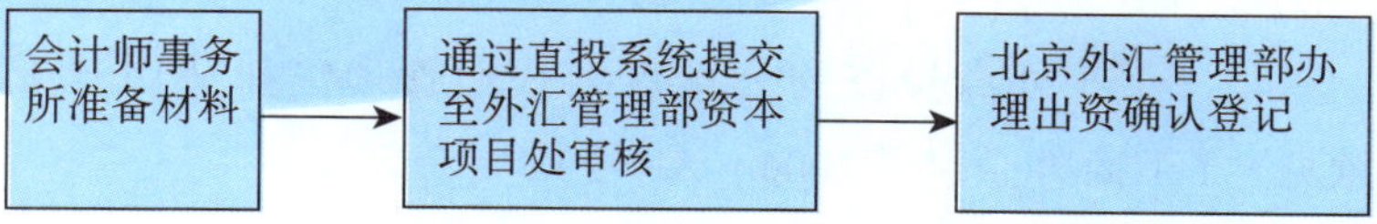

办理时限：申请材料齐备之日起 3 个工作日内；会计师事务所需要北京外汇管理部出具加盖业务印章的纸质出资确认登记表的，材料齐备之日起 5 个工作日内。

【提交材料】

1. 会计师事务所通过直接投资外汇管理信息系统向北京外汇管理部发送的出资确认电子申请表；

2. 北京外汇管理部要求的其他相关材料。

【注意事项】

1. 出资确认登记所使用的资金折算率应以资金入账当日中国人民银行发布的人民币汇率中间价为准；流入资金币种不在中国人民银行中间价币种范围的，以资金入账时点上开户银行公布的中间价为准；

2. 资金汇入时境内银行收取的手续费可作为外国投资者出资。

B. 外商投资企业外国投资者非货币出资验资询证及出资确认登记

【业务说明】

辖内外商投资企业收到外国投资者非货币形式出资后，应委托会计师事务所向北京外汇管理部提出验资询证及出资确认登记申请。

【办理依据】

1.《财政部、国家外汇管理局关于进一步加强外商投资企业验资工作及健全外资外汇登记制度的通知》（财会［2002］1017 号）；

2.《国家外汇管理局关于开展外商直接投资外汇登记工作有关问题的通知》（汇发［2002］42 号）；

3.《国家外汇管理局关于在出口加工区、保税区和上海钻石交易所开展外商直接投资验资询证及外资外汇登记工作的通知》（汇发［2004］108 号）；

4.《关于外商投资的公司审批登记管理法律适用若干问题的执行意见》（工商外企字［2006］81 号）；

5.《国家外汇管理局关于印发〈保税监管区域外汇管理办法〉的通知》（汇发［2007］52 号）；

6.《股权出资登记管理办法》（国家工商行政管理总局令 2009 第 39 号）；

7.《国家外汇管理局关于进一步改进和调整直接投资外汇管理政策的通知》（汇发［2012］59 号）。

【办理流程及时限】

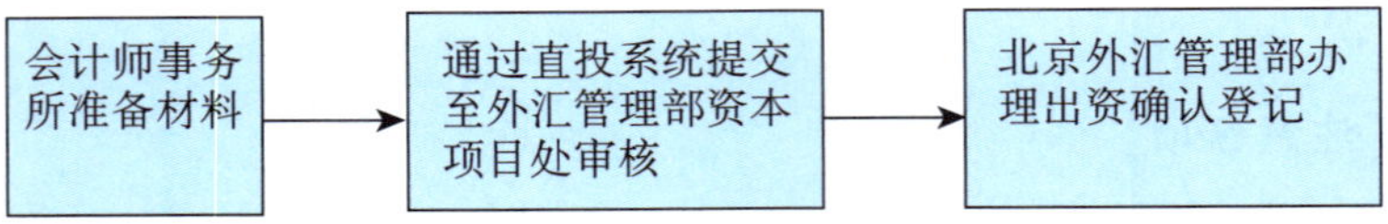

办理时限：申请材料齐备之日起 3 个工作日内；会计师事务所需要北京外汇管理部出具加盖业务印章的纸质出资确认登记表的，材料齐备之日起 5 个工作日内。

【提交材料】

1. 会计师事务所通过直接投资外汇管理信息系统向北京外汇管理部发送的出资确认电子申请表；

2. 北京外汇管理部要求的其他相关材料。

【注意事项】

出资确认登记所涉折算汇率应以企业对资产进行会计确认当日中国人民银行发布的人民币汇率中间价为准。

C. 外国投资者境内合法所得再投资（转增资）验资询证及出资确认登记

【业务说明】

辖内外商投资企业外方以境内合法所得再投资（转增资）出资后，

企业应委托会计师事务所向北京外汇管理部提出验资询证及出资确认登记申请。确认登记后，方可将相应从外商投资企业中获得的清算、减资、股权转让、先行回收投资、利润分配等所得汇出境外或境内再投资。

【办理依据】

1.《财政部 国家外汇管理局关于进一步加强外商投资企业验资工作及健全外资外汇登记制度的通知》（财会［2002］1017号）；

2.《国家外汇管理局关于开展外商直接投资外汇登记工作有关问题的通知》（汇发［2002］42号）；

3.《国家外汇管理局关于进一步改进和调整直接投资外汇管理政策的通知》（汇发［2012］59号）。

【办理流程及时限】

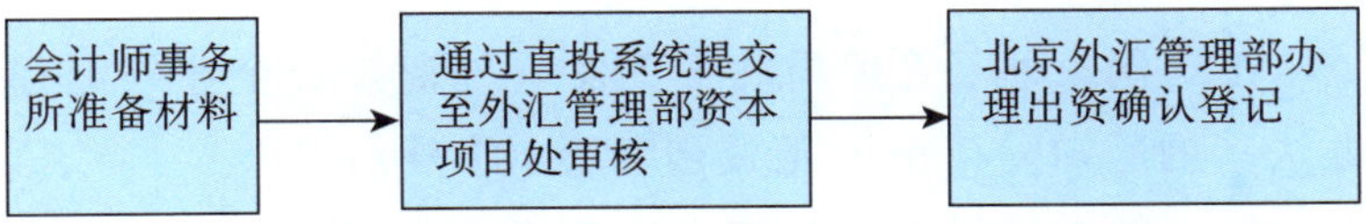

办理时限：申请材料齐备之日起3个工作日内；会计师事务所需要北京外汇管理部出具加盖业务印章的纸质出资确认登记表的，材料齐备之日起5个工作日内。

【提交材料】

1. 会计师事务所通过直接投资外汇管理信息系统向北京外汇管理部发送的出资确认电子申请表；

2. 北京外汇管理部要求的其他相关材料。

2.6.6 外商投资企业外汇登记变更、注销

【业务说明】

辖内外商投资企业因增资、减资、股权转让、经营范围变更、注销等事项获得相关管理部门批准后，应向北京外汇管理部提出外汇登记变

更、注销申请。外商投资非法人机构办理变更登记参照本条办理。外国投资者（股权出资人）以其持有的境内企业（股权企业）股权对境内企业（被投资企业）出资的，应按如下顺序办理：股权企业先办理变更登记，北京外汇管理部查验股权企业出资到位后，被投资企业方可办理外汇变更登记及验资询证及出资确认手续。

辖内外商投资企业因破产、解散、营业期限届满、合并或分立等原因注销的，应在发布清算公告期结束后向北京外汇管理部提出外汇登记注销申请。外商投资企业因外国投资者减资、转股、先行回收投资等撤资行为转为内资企业的，应在领取变更后的营业执照之后向北京外汇管理部提出外汇登记变更及注销申请；上市公司外资股东减持股份导致公司转为内资企业的，应在领取变更后的营业执照之后向北京外汇管理部提出变更及注销申请。

【办理依据】

1.《国家外汇管理局关于下发〈外商投资企业外汇登记管理暂行办法〉的通知》（[96] 汇资函字第 187 号）；

2.《关于加强外商投资企业审批、登记、外汇及税收管理有关问题的通知》（外经贸法发 [2002] 575 号）；

3.《国家外汇管理局关于境内居民通过境外特殊目的公司融资及返程投资外汇管理有关问题的通知》（汇发 [2005] 75 号）；

4.《关于外商投资的公司审批登记管理法律适用若干问题的执行意见》（工商外企字 [2006] 81 号）；

5.《关于外国投资者并购境内企业的规定》（商务部令 2006 年第 10 号）；

6.《国家外汇管理局　建设部关于规范房地产市场外汇管理有关问题的通知》（汇发 [2006] 47 号）；

7.《国家外汇管理局　国家税务总局关于服务贸易等项目对外支付提交税务证明有关问题的通知》（汇发 [2008] 64 号）；

8.《国家外汇管理局综合司关于外商投资房地产企业外汇登记有关问题的通知》（汇综发 [2009] 42 号）；

9.《国家外汇管理局　国家税务总局关于进一步明确服务贸易等

项目对外支付提交税务证明有关问题的通知》(汇发［2009］52号)；

10.《国家外汇管理局关于印发〈境内居民通过境外特殊目的公司融资及返程投资外汇管理操作规程〉的通知》(汇发［2011］19号)；

11.《国家外汇管理局综合司关于东软集团股份有限公司外资股东减持股份所涉外汇登记变更有关问题的批复》(汇综复［2012］34号)；

12.《国家外汇管理局关于进一步改进和调整直接投资外汇管理政策的通知》(汇发［2012］59号)。

【办理流程及时限】

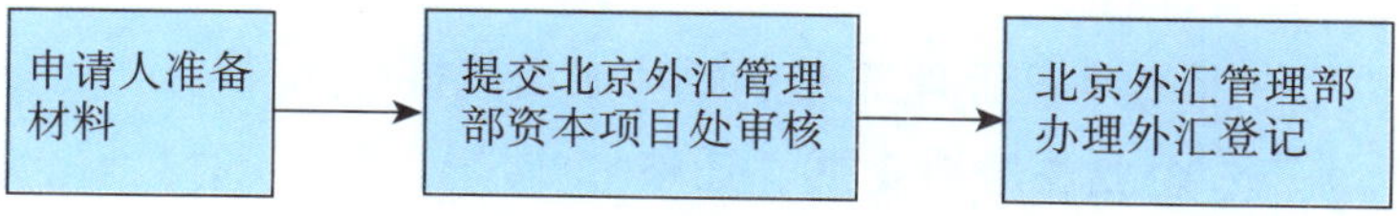

办理时限：外汇登记变更，申请材料齐备之日起5个工作日内，需标识“个人非特殊目的的公司返程投资”的，经总局批复后5个工作日内；外汇登记注销，申请材料齐备之日起10个工作日内。

【提交材料】

一、增资、减资、股权转让等资本变动事项的变更登记

1. 外商直接投资外汇登记业务申请表（可到北京外汇管理部网址下载）；

2. 外汇登记凭证原件及复印件；

3. 有关主管部门批准文件，有外商投资企业批准证书的应提供该证书原件及复印件（合伙企业无需提供；因政府主管部门简化审批手续而不再出具批文的事项除外）；外商投资合伙企业登记事项变更的，只需提交包括外商投资合伙企业全部登记事项在内的加盖登记机关查询章的企业基本信息单；外资股东减持A股上市公司股份不超过总股本5%的，仅需提供证券登记结算机构出具的外资股东持股情况变化证明材料；办理外资房地产企业外方增资变更、中国投资者向外国投资者转让股权，或者外商投资企业营业范围增加房地产开发的，另需提供已通过商务部备案的证明材料；

4. 涉及外国投资者以其境内合法所得在境内对外商投资企业增资，

以及发生股权转让需对外支付转股对价的，还应提交服务贸易、收益、经常转移和部分资本项目对外支付税务证明原件（金额在3万美元及以下的无需提交）；涉及清算所得境内再投资的，如系普通清算，应提供会计师事务所出具的清算审计报告，如系特别清算，应提供主管部门确认的清算报告；

5. 北京外汇管理部要求的其他相关材料。

二、经营范围等其他事项的变更登记

1. 变更后的商务主管部门批准证书或相关备案文件；

2. 变更后的营业执照副本或工商部门已受理工商登记变更的证明原件及复印件；

3. 北京外汇管理部要求的其他相关材料；

三、企业注册地变更（迁移）

1. 外商直接投资外汇登记业务申请表（可到北京外汇管理部网址下载）；

2. 外汇登记凭证原件及复印件；

3. 有关主管部门批准企业变更事项的证明文件原件及复印件；

4. 北京外汇管理部要求的其他相关材料。

四、外汇登记注销

1. 外商直接投资外汇登记业务申请表（可到北京外汇管理部网址下载）；

2. 外汇登记凭证原件及复印件；

3. 因清算注销的，需提供以下材料：到期清算的，提供依《公司法》规定的清算公告；提前清算或需主管部门批准的特别清算的，提供主管部门关于企业清算结业的批准文件；其他清算的，提供工商主管部门吊销企业营业执照的公告（证明文件）或人民法院判决公司解散的有关证明文件等；

4. 注销税务登记证明；

5. 北京外汇管理部要求的其他相关材料。

上述所有书面材料需加盖单位公章。

【注意事项】

1. 外商投资企业发生合并后，存续企业应办理增资外汇登记，被吸收企业办理注销登记；若新产生一家外商投资企业的，应办理新设外汇登记。外商投资企业发生分立后，存续企业应办理减资外汇登记，分立新设的企业应办理新设外汇登记；

2. 外商投资企业变更后，原外国投资者不再持有企业股份的，应于变更登记前将已分配给该外国投资者的利润汇出境外（或办理再投资）。因客观原因暂时无法汇出的，应纳入外债管理（除声明放弃该利润的情况外）；

3. 因合并或分立，原外商投资企业注销的，应在原企业办理外汇登记注销时，在外汇局相关业务系统中将其“外方股东清算所得处置计划”选为“再投资”。

2.6.7 中外合作企业外国投资者先行回收投资对外支付登记

【业务说明】

辖内中外合作企业外国投资者需先行回收投资对外支付的，该企业应向北京外汇管理部提出登记申请。

【办理依据】

《国家外汇管理局关于进一步改进和调整直接投资外汇管理政策的通知》（汇发［2012］59号）。

【办理流程及时限】

办理时限：申请材料齐备之日起5个工作日内。

【提交材料】

1. 外商直接投资外汇登记业务申请表（可到北京外汇管理部网址下载）；

2. 相关主管部门批复文件原件及复印件（主管部门未出具先行回

收事项批复文件的，需提交企业合作合同及企业最高权力机关出具的关于外国投资者先行回收投资的决议)；

3. 北京外汇管理部要求的其他相关材料。

上述所有书面材料需加盖单位公章。

2.6.8　外国投资者收购中方股权出资确认登记

【业务说明】

辖内外商投资企业发生股权转让变更，在获得商务部门批准后，应向北京外汇管理部提出登记申请。登记后，方可将相应从该外商投资企业中获得的清算、减资、股权转让、先行回收投资、利润等所得汇出境外或进行境内再投资。

【办理依据】

1.《关于加强外商投资企业审批、登记外汇及税收管理有关问题的通知》(外经贸法发［2002］575 号)；

2.《关于外国投资者并购境内企业的规定》(商务部令 2006 年第 10 号)；

3.《国家外汇管理局综合司关于外方股东办理跨境换股涉及的转股收汇外资外汇登记有关问题的批复》(汇综复［2010］5 号)；

4.《国家外汇管理局关于进一步改进和调整直接投资外汇管理政策的通知》(汇发［2012］59 号)。

【办理流程及时限】

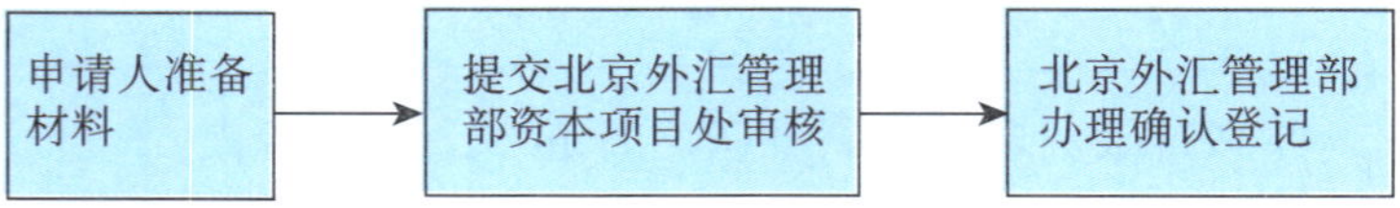

办理时限：申请材料齐备之日起 3 个工作日内。

【提交材料】

1. 以非现汇（含跨境人民币）形式支付股权转让对价的，股权变更的外商投资企业填写并提交的外商直接投资出资确认申请表（可到北京外汇管理部网址下载）；

2. 外汇登记凭证原件及复印件；

3. 转股对价支付证明

（1）以实物支付对价款的，提供报关单或进境备案清单；

（2）以无形资产支付对价款的，提供无形资产价值评估报告；

（3）跨境换股的，提供股权出让方（中方）相应的境外投资批准证书原件及复印件；

（4）以其他形式支付对价的，提供转股对价已支付证明文件。

4. 北京外汇管理部要求的其他相关材料。

上述所有书面材料需加盖单位公章。

2.6.9 非居民买卖境内商品房基本信息登记

【业务说明】

非居民在北京地区买卖商品房应在到银行办理结汇或购汇前向北京外汇管理部提出基本信息登记申请。

【办理依据】

1.《关于规范房地产市场外资准入和管理的意见》（建住房［2006］171号）；

2.《国家外汇管理局 建设部关于规范房地产市场外汇管理有关问题的通知》（汇发［2006］47号）；

3.《国家外汇管理局综合司关于境外自然人购买境内商品房外汇资金结汇有关问题的批复》（汇综复［2007］86号）；

4.《国家外汇管理局关于进一步改进和调整直接投资外汇管理政策的通知》（汇发［2012］59号）。

【办理流程及时限】

办理时限：申请材料齐备当日办理完毕。

【提交材料】

1. 主体信息登记申请表（可到北京外汇管理部网址下载）；

2. 境外机构在境内设立的分支机构、代表机构提供有效工商登记证明；境外个人提供有效身份证明原件及复印件（如委托他人提交申请的，另需提供委托书及受托人的有效身份证明原件及复印件）；

3. 北京外汇管理部要求的其他相关材料。

2.6.10 境内机构接收境内再投资外汇信息登记

【业务说明】

辖内机构接收境内再投资，在获得商务部门批准后，应向北京外汇管理部提出再投资外汇信息登记申请。登记后，方可到银行开立境内再投资专用账户。

【办理依据】

《国家外汇管理局关于进一步改进和调整直接投资外汇管理政策的通知》（汇发［2012］59号）。

【办理流程及时限】

办理时限：申请材料齐备之日起5个工作日内。

【提交材料】

1. 主体信息登记申请表（可到北京外汇管理部网址下载）；

2. 须经有关主管部门批准的，提交主管部门批复文件原件及复印件；无须主管部门批准的，提交出资协议原件及复印件；

3. 北京外汇管理部要求的其他相关材料。

上述所有书面材料需加盖单位公章。

2.6.11 开立外汇保证金账户的境内主体信息登记

【业务说明】

辖内机构确需开立外汇保证金账户的，应向北京外汇管理部提出境内主体信息登记申请。

【办理依据】

《国家外汇管理局关于进一步改进和调整直接投资外汇管理政策的通知》（汇发［2012］59号）

【办理流程及时限】

办理时限：申请材料齐备当日办理完毕。

【提交材料】

1. 主体信息登记表（可到北京外汇管理部网址下载）；
2. 证明确需开立外汇保证金账户的真实性材料。

上述所有书面材料需加盖单位公章。

第七节（2.7） 经常项目境外外汇账户开立

【业务说明】

辖内机构符合下列条件的，可在境外开立经常项目外汇账户：在境外有经常性零星收入，需在境外开立外汇账户，将收入集整后汇回境内的；在境外有经常性零星支出，需在境外开立外汇账户的；从事境外承包工程项目，需在境外开立外汇账户的；因业务上特殊需要必须在境外开立外汇账户的。

【办理依据】

《境外外汇账户管理规定》（［97］汇政发字第 10 号）。

【办理流程及时限】

办理时限：申请材料齐备之日起 20 个工作日内。

【提交材料】

1. 由辖内机构法人代表或者其授权人签署的申请书（开户理由、币别、账户最高金额、用途、收支范围、使用期限、拟开户银行及其所在地等）；

2. 营业执照原件及复印件；

3. 境外账户使用的内部管理规定；

4. 从事境外承包工程业务的，还应提供有关项目合同；

5. 外商投资企业在境外开立外汇账户的，还应提供外商投资企业外汇登记证和会计师事务所验证的注册资本金已全部到位的验资证明；

6. 北京外汇管理部要求的其他相关材料。

上述所有书面材料需加盖单位公章。

【注意事项】

1. 辖内机构应以自己名义在境外开立外汇账户。未经批准不得以个人或者其他法人名义在境外开立外汇账户；

2. 变更境外外汇账户的开户行、收支范围、账户最高金额和使用期限等内容的，应事先向北京外汇管理部申请，经批准后，方可变更；

3. 辖内机构应在开立境外外汇账户后 30 个工作日内，持境外外汇账户开户银行名称、账号、开户人名称等资料到北京外汇管理部备案。

第八节（2.8） 对外支付担保费

【业务说明】

辖内担保人对外支付担保费需经北京外汇管理部核准。

【办理依据】

1.《结汇、售汇及付汇管理规定》（银发［1996］210号）；

2.《关于支付涉外担保费有关处理原则的通知》（汇发［2000］105号）；

3.《关于服务贸易等项目对外支付提交税务证明有关问题的通知》（汇发［2008］64号）；

4.《关于2005年境内外资银行短期外债指标核定工作的通知》（汇发［2005］4号）；

5.《关于外汇担保项下人民币贷款有关问题的补充通知》（汇发［2005］26号）。

【办理流程及时限】

办理时限：申请材料齐备之日起20个工作日内。

【提交资料】

1. 资本项目外汇债务付汇业务报批表（可到北京外汇管理部网址下载）；

2. 担保人支付担保费通知书；

3. 担保合同（合同如为外文的，应提交主要条款的中文译本）；

4. 担保项下主债务合同；

5. 完税或免税证明；

6. 申请人为外商投资企业的，需提供外商投资企业 FDI 系统基本信息打印页面；

7. 需经外汇局办理登记的债务，应提供债务登记凭证原件及复印件；

8. 北京外汇管理部要求的其他相关材料。

上述所有书面材料需加盖单位公章。

【注意事项】

担保费率由当事人按照行业标准协商确定。

第九节（2.9） 国有企业境外商品期货套期保值

2.9.1 国有企业境外商品期货套期保值的外汇登记

【业务说明】

辖内国有企业办理境外商品期货套期保值业务应向经北京外汇管理部提出外汇登记申请。

此条仅限于证券业监督管理机构已颁发境外期货业务许可证的“持证企业”。

【办理依据】

1.《国有企业境外期货套期保值业务管理办法》（证监发［2001］81 号）；

2.《关于发布〈国有企业境外期货套期保值业务外汇管理操作规程（试行）的通知〉》（汇发［2001］150 号）；

3.《国家外汇管理局关于修改〈国有企业境外商品期货套期保值业

务外汇管理操作规程（试行）〉有关问题的通知》（汇发［2005］34号）；

4.《国家外汇管理局综合司关于转发〈国务院关于第四批取消和调整行政审批项目的决定〉的通知》（汇综发［2007］189号）。

【办理流程及时限】

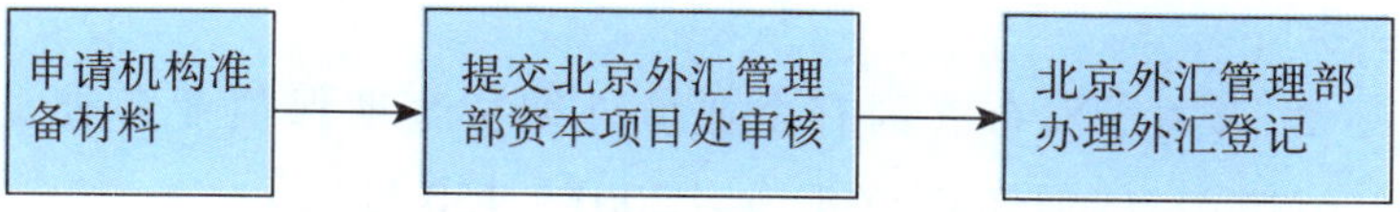

办理时限：申请材料齐备之日起20个工作日内。

【提交资料】

1. 书面申请；
2. 境外期货套期保值业务基本情况登记表；
3. 营业执照副本原件及复印件；
4. 北京外汇管理部要求的其他相关材料。

上述所有书面材料需加盖单位公章。

2.9.2 国有企业境外商品期货套期保值项下境内外汇专用账户开立、变更

【业务说明】

期货套期保值项下外汇资金实行总量管理和流向管理，汇出汇入只能通过境内外专用账户办理。

辖内持证企业办理境外商品期货套期保值业务应到北京外汇管理部申请开立境内外汇专用账户。持证企业可在办理登记手续同时申请开户；每家持证企业境内期货专户只限开立1个；境内期货专户的支出仅限于汇出期货保证金或期货赔付款、支付期货经纪机构的手续费、期货项下银行手续费等，收入仅限于拟用于上述用途的自有外汇资金或购汇资金，境外期货交易项下的盈利收入等；持证企业应当在办理开户手续后15天内将开户、增加原账户支出范围等情况报北京外汇管理部；持证企业如需从其原有外汇账户向其境内期货专户划转用于境外期货交易

的外汇资金，应到北京外汇管理部办理原有外汇账户扩大支出范围的批准手续。

【办理依据】

1.《国有企业境外期货套期保值业务管理办法》（证监发［2001］81号）；

2.《关于发布〈国有企业境外期货套期保值业务外汇管理操作规程（试行）的通知〉》（汇发［2001］150号）；

3.《国家外汇管理局关于修改〈国有企业境外商品期货套期保值业务外汇管理操作规程（试行）〉有关问题的通知》（汇发［2005］34号）；

4.《国家外汇管理局关于调整〈国有企业境外期货套期保值业务外汇管理操作规程〉中有关开立境内外汇账户问题有通知》（汇发［2004］72号）；

5.《国家外汇管理局综合司关于转发〈国务院关于第四批取消和调整行政审批项目的决定〉的通知》（汇综发［2007］189号）；

6.《国家外汇管理局综合司关于安徽铜陵有色金属集团控股有限公司支付境外商品期货套期保值外汇资金有关问题的批复》（汇综复［2008］78号）附件：《国有企业境外商品期货套期保值外汇管理过渡期有关问题的处理原则》。

【办理流程及时限】

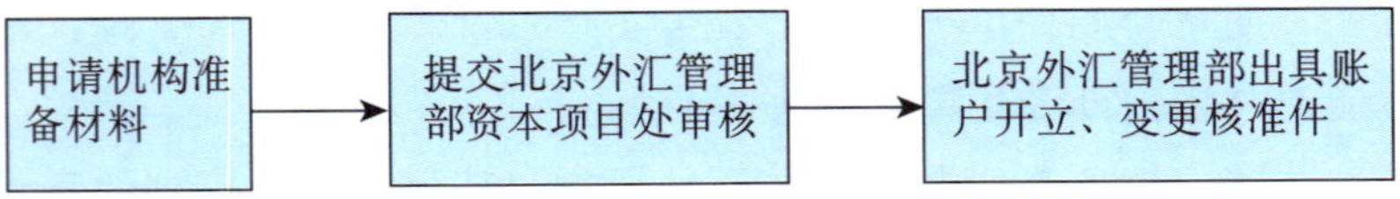

办理时限：申请材料齐备之日起20个工作日内。

【提交资料】

一、开户

1. 书面申请；

2. 拟开户银行承诺函。内容包括汇出款项最迟能在次日到账、按规定履行审核业务单证的真实性、逐笔登记台账，反馈信息以及遵守各项规定等义务；

3. 北京外汇管理部要求的其他相关材料。

二、境内账户变更

1. 书面申请（含变更前账户使用的合规性内容以及账户变更得原因）；

2. 开户行承诺函；

3. 北京外汇管理部要求的其他相关材料。

上述所有书面材料需加盖单位公章。

【注意事项】

辖内企业和银行应于每月初10个工作日内按规定向北京外汇管理部报送报表，反馈信息。

2.9.3 国有企业境外商品期货套期保值项下境外专用账户开立、变更

【业务说明】

境外期货套期保值业务项下资金的往来划拨，只能通过经外汇局批准的境内期货专户和境外期货保证金账户办理。

辖内持证企业办理境外商品期货套期保值业务应到北京外汇管理部申请开立境外外汇专用账户。持证企业必须在办理了登记手续，经批准已开立境内期货专户之后，方可申请开立境外专户；境外期货保证金账户只能开立在已得到证券业监督管理机构认可的期货经纪机构；持证企业在取得开户核准件后方可到境外经纪机构办理开户手续；持证企业境外期货保证金账户的收支范围只限于经证券业监督管理机构核准的、在境外期货经纪机构开展期货业务项下的资金往来；持证企业应在办妥境外期货保证金账户开户手续后1个月内将开户情况报北京外汇管理部备案。

【办理依据】

1. 《国有企业境外期货套期保值业务管理办法》（证监发［2001］81号）；

2. 《关于发布〈国有企业境外期货套期保值业务外汇管理操作规

程（试行）的通知〉》（汇发［2001］150号）；

3.《国家外汇管理局关于修改〈国有企业境外商品期货套期保值业务外汇管理操作规程（试行）〉有关问题的通知》（汇发［2005］34号）；

4.《国家外汇管理局综合司关于转发〈国务院关于第四批取消和调整行政审批项目的决定〉的通知》（汇综发［2007］189号）；

5.《国家外汇管理局综合司关于安徽铜陵有色金属集团控股有限公司支付境外商品期货套期保值外汇资金有关问题的批复》（汇综复［2008］78号）附件：《国有企业境外商品期货套期保值外汇管理过渡期有关问题的处理原则》。

【办理流程及时限】

办理时限：申请材料齐备之日起20个工作日内。

【提交资料】

1. 书面申请；

2. 证券业监督管理机构关于企业就其选定的境外期货经纪公司已备案的书面通知复印件；

3. 北京外汇管理部要求的其他相关材料。

上述所有书面材料需加盖单位公章。

【注意事项】

辖内持证企业和开户银行须于每月初10个工作日内按规定向北京外汇管理部报送报表及境外期货经纪机构的现金余额对账单。

2.9.4 国有企业境外商品期货套期保值项下资金汇兑管理

【业务说明】

辖内持证企业办理境外商品期货套期保值项下资金汇兑应向北京外

汇管理部提出核准申请。

【办理依据】

1.《国有企业境外期货套期保值业务管理办法》（证监发［2001］81号）；

2.《关于发布〈国有企业境外期货套期保值业务外汇管理操作规程（试行）的通知〉》（汇发［2001］150号）；

3.《国家外汇管理局关于修改〈国有企业境外商品期货套期保值业务外汇管理操作规程（试行）〉有关问题的通知》（汇发［2005］34号）；

4.《国家外汇管理局综合司关于转发〈国务院关于第四批取消和调整行政审批项目的决定〉的通知》（汇综发［2007］189号）；

5.《国家外汇管理局综合司关于安徽铜陵有色金属集团控股有限公司支付境外商品期货套期保值外汇资金有关问题的批复》（汇综复［2008］78号）附件：《国有企业境外商品期货套期保值外汇管理过渡期有关问题的处理原则》；

6.《国家外汇管理局综合司关于解决假日期间国有企业境外商品期货套期保值项下外汇备用金汇出问题的批复》（汇综复［2009］7号）。

【办理流程及时限】

办理时限：申请材料齐备之日起20个工作日内。

【提交资料】

1. 书面申请（提供相应依托凭证）；

2. 证券业监督管理机构为持证企业核定的当年度外汇风险敞口批复复印件；

3. 核定外汇专户可汇出资金上限额、外汇备用金等时需审核企业境外专户余额对账单；

4. 北京外汇管理部要求的其他相关材料。

上述所有书面材料需加盖单位公章。

2.9.5 假日期间国有企业境外商品期货套期保值项下外汇备用金汇出

【业务说明】

辖内持证企业假日期间办理境外商品期货套期保值项下外汇备用金汇出应向北京外汇管理部提出核准申请。

【办理依据】

1.《国有企业境外期货套期保值业务管理办法》（证监发［2001］81号）；

2.《关于发布〈国有企业境外期货套期保值业务外汇管理操作规程（试行）的通知〉》（汇发［2001］150号）；

3.《国家外汇管理局关于修改〈国有企业境外商品期货套期保值业务外汇管理操作规程（试行）〉有关问题的通知》（汇发［2005］34号）；

4.《国家外汇管理局综合司关于转发〈国务院关于第四批取消和调整行政审批项目的决定〉的通知》（汇综发［2007］189号）；

5.《国家外汇管理局综合司关于解决假日期间国有企业境外商品期货套期保值项下外汇备用金汇出问题的批复》（汇综复［2009］7号）。

【办理流程及时限】

办理时限：申请材料齐备之日起20个工作日内。

【提交资料】

1. 书面申请；

2. 长假期间境外期货保值交易的计划（拟定的交易量和相关价格等）；

3. 企业在境外期货经纪公司账户中近1个月内保留资金的分布情况，获得境外期货经纪公司的授信额度；

4. 企业前6个月的境外期货保值交易和风险敞口余额情况；

5. 企业对汇出外汇资金保证按照申请用途使用的承诺函；

6. 北京外汇管理部要求的其他相关材料。

上述所有书面材料需加盖单位公章。

【注意事项】

已获得提前汇出备用金核准的企业，应在假期结束后3个工作日内向北京外汇管理部报送假期实际发生交易的情况和相关交易凭证。已核准汇出未使用部分的资金，节后5个工作日内调回境内外汇期货专户。

第十节（2.10） 境外上市

2.10.1 境外上市募集资金

A. 境外上市公司境外专用外汇账户开立、变更

【业务说明】

辖内境外上市公司境外募集资金前应向北京外汇管理部申请开立境外专用外汇账户。账户限额原则上不超过募集资金扣除境外支付相关费用后的余额，账户个数原则上不超过3个，币种不限。境外专用外汇账户开立后10个工作日内境外开户银行应自行或通过企业将开立证明报北京外汇管理部，企业在关户后10个工作日内应将有关账户使用情况及账户注销证明报北京外汇管理部。

境外上市公司应按季向北京外汇管理部报送境外专用外汇账户的使用情况表。

【办理依据】

1.《国家外汇管理局中国证监会关于进一步完善境外上市外汇管理有关问题的通知》（汇发［2002］77号）；

2.《国家外汇管理局关于完善境外上市外汇管理有关问题的通知》（汇发［2003］108号）；

3.《国家外汇管理局关于境外上市外汇管理有关问题的通知》（汇发［2005］6号）。

【办理流程及时限】

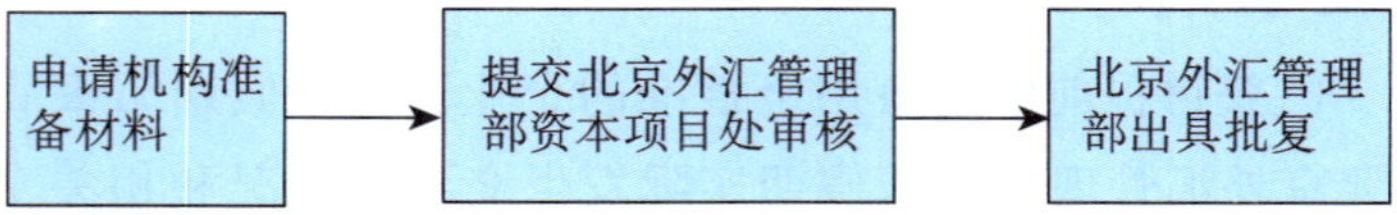

办理时限：申请材料齐备之日起20个工作日内。

【提交材料】

1. 书面申请（申请原因、募集资金情况，以及开户行、账户限额、数量等）；

2. 中国证监会的批准文件复印件；

3. 境外开户银行的书面承诺；

4. 营业执照副本原件及复印件；

5. 北京外汇管理部要求的其他相关材料；

6. 企业申请账户变更的，除提供上述1、3、5材料外，还须提供原专用账户开立的批复复印件以及原账户资金发生变化的有关证明材料（如银行进账单、余额对账单等）等。

上述所有书面材料需加盖单位公章。

B. 境外上市公司境外上市股票外汇登记及变更

a. 境外上市公司境外上市股票外汇登记

【业务说明】

辖内企业境外发股活动结束取得境外上市审计报告后15个工作日

内，应向北京外汇管理部提出登记申请并提交境外上市审计报告。如上市费用清单与审计报告有出入则须做变更登记。

【办理依据】

1.《国家外汇管理局中国证监会关于进一步完善境外上市外汇管理有关问题的通知》（汇发［2002］77号）；

2.《国家外汇管理局关于完善境外上市外汇管理有关问题的通知》（汇发［2003］108号）；

3.《国家外汇管理局关于境外减持外汇收入上缴全国社保基金有关问题的通知》（汇发［2004］64号）；

4.《国家外汇管理局关于境外上市外汇管理有关问题的通知》（汇发［2005］6号）；

5.《减持国有股筹集社会保障资金管理暂行办法》（国发［2001］22号）。

【办理流程及时限】

办理时限：申请材料齐备之日起20个工作日内。

【提交材料】

1. 书面申请（境外上市发行基本情况、资金调回计划等）；

2. 企业法人营业执照副本原件及复印件；

3. 组织机构代码证原件及复印件；

4. 中国证监会的批准文件原件及复印件；

5. 正式招股说明书（可报光盘或其他电子文档，但涉及上市资金用途有关章节需留复印件）；

6. 境外上市有关费用清单及无逃汇行为的书面承诺；

7. 如需从境内支付费用的，须提供相关外汇局核准件；

8. 填写境外上市公司境外上市外汇登记申请表；

9. 北京外汇管理部要求的其他相关材料。

上述所有书面材料需加盖单位公章。

b. 境外上市公司境外上市股票外汇变更登记

【业务说明】

辖内企业境外上市后发生回购、增发、债转股等重大事项变更的，应于变更发生后15个工作日内向北京外汇管理部提出变更登记申请。

【办理依据】

1. 《国家外汇管理局中国证监会关于进一步完善境外上市外汇管理有关问题的通知》（汇发［2002］77号）；

2. 《国家外汇管理局关于完善境外上市外汇管理有关问题的通知》（汇发［2003］108号）；

3. 《国家外汇管理局关于境外减持外汇收入上缴全国社保基金有关问题的通知》（汇发［2004］64号）；

4. 《国家外汇管理局关于境外上市外汇管理有关问题的通知》（汇发［2005］6号）；

5. 《减持国有股筹集社会保障资金管理暂行办法》（国发［2001］22号）。

【办理流程及时限】

办理时限：申请材料齐备之日起20个工作日内。

【提交材料】

1. 书面申请（公司基本情况、变更事项）；

2. 境外上市公司境外上市股票外汇登记凭证原件及复印件；

3. 相关主管部门关于变更事项的批复文件复印件（如：回购、增发、债转股等其他表内事项变更）；

4. 资金调回、对外支付需提供进账单、支付凭证等复印件；

5. 发行可转换债的境外上市公司办理债转股变更登记时除提供以上 1、2、4 项外还需提供债转股核准件及外债登记凭证复印件（部分债转股时提供）。

6. 北京外汇管理部要求的其他相关材料；

上述所有书面材料需加盖单位公章。

C. 境外上市公司境内股票专用账户的开立、变更及注销

【业务说明】

辖内境外上市公司境外上市募集资金调回境内，应向北京外汇管理部申请开立境内股票专用账户。每笔募股收入调回境内后 5 个工作日内，应向北京外汇管理部提出变更登记申请；境外上市募集资金使用完毕（结汇或划转）后应注销该账户，并在账户注销后 10 个工作日内将销户证明报北京外汇管理部备案。

【办理依据】

1.《国家外汇管理局中国证监会关于进一步完善境外上市外汇管理有关问题的通知》（汇发［2002］77 号）；

2.《国家外汇管理局关于完善境外上市外汇管理有关问题的通知》（汇发［2003］108 号）；

3.《国家外汇管理局关于境外上市外汇管理有关问题的通知》（汇发［2005］6 号）。

【办理流程及时限】

办理时限：申请材料齐备之日起 20 个工作日内。

【提交材料】

一、账户开立

1. 书面申请（募集资金调回计划、使用计划等）；

2. 境外上市公司境外上市股票外汇登记凭证原件及复印件；

3. 北京外汇管理部要求的其他相关材料。

二、账户变更

1. 书面申请（基本情况、变更事项及其原因）；

2. 原专用账户开立的核准件复印件；

3. 原账户资金若发生变化，须提交有关证明材料（如银行进账单、余额对账单等）；

4. 北京外汇管理部要求的其他相关材料。

上述所有书面材料需加盖单位公章。

D. 境外上市公司境内股票专用账户资金结汇

【业务说明】

辖内境外上市公司境外募集资金调回境内后结汇，应向北京外汇管理部提出结汇核准申请，按支付结汇制办理。

【办理依据】

1.《国家外汇管理局中国证监会关于进一步完善境外上市外汇管理有关问题的通知》（汇发［2002］77 号）；

2.《国家外汇管理局关于完善境外上市外汇管理有关问题的通知》（汇发［2003］108 号）；

3.《国家外汇管理局关于改进外商投资企业资本项目结汇审核与外债登记管理工作的通知》（汇发［2004］42 号）；

4.《减持国有股筹集社会保障资金管理暂行办法》（国发［2001］22 号）。

【办理流程及时限】

办理时限：申请材料齐备之日起20个工作日内。

【提交材料】

1. 书面申请（结汇用途、结汇银行、账号等）；
2. 境外上市公司境外上市股票外汇登记凭证原件及复印件；
3. 境内股票专用账户余额对账单；
4. 招股说明书中有关资金用途部分的文件；
5. 超出招股说明书使用范围的，一次结汇金额在20万美元以上的，应提供有关结汇资金用途的书面支付命令，超出招股说明书使用范围的还需提供募集资金用途变更的董事会决议；
6. 与结汇资金用途相关的合同、发票及支付凭证等；
7. 北京外汇管理部要求的其他相关材料。

上述所有书面材料需加盖单位公章。

2.10.2 境外上市公司回购境外股票购付汇额度及回购境外股票专户开立、注销

【业务说明】

辖内境外上市公司回购境外股票应向北京外汇管理部申请购付汇额度并开立专户。专户开立后10个工作日内，境外开户银行应自行或通过企业将开立证明报北京外汇管理部；境外上市公司应在专户有效期满后将专户余额调回境内，注销此专户并将专户使用情况报北京外汇管理部备案；专户注销后10个工作日内，境外开户银行应自行或通过企业将专户使用情况及注销证明报北京外汇管理部。

【办理依据】

1.《国家外汇管理局中国证监会关于进一步完善境外上市外汇管理有关问题的通知》（汇发［2002］77号）；

2.《国家外汇管理局关于完善境外上市外汇管理有关问题的通知》（汇发［2003］108号）；

3.《国家外汇管理局关于境外上市外汇管理有关问题的通知》（汇

发［2005］6号）。

【办理流程及时限】

申请机构准备材料 → 提交北京外汇管理部资本项目处审核 → 北京外汇管理部出具批复

办理时限：申请材料齐备之日起20个工作日内。

【提交材料】

1. 书面申请（回购原因、回购资金金额及来源、回购时间安排、拟选择开户银行等）；

2. 境外上市公司境外上市股票外汇登记凭证原件及复印件；

3. 股东大会有关决议；

4. 近2年经审计的财务报表；

5. 如需主管部门批准的须提供批复文件复印件；

6. 北京外汇管理部要求的其他相关材料。

上述所有书面材料需加盖单位公章。

2.10.3 境外上市公司境内股东增持股票开立账户及购付汇

【业务说明】

辖内境外上市公司境内股东增持股票需申请购付汇额度及开立境外账户的，应向北京外汇管理部申请，北京外汇管理部报国家外汇管理局审批。

【办理依据】

1.《国家外汇管理局中国证监会关于进一步完善境外上市外汇管理有关问题的通知》（汇发［2002］77号）；

2.《国家外汇管理局关于完善境外上市外汇管理有关问题的通知》（汇发［2003］108号）；

3.《国家外汇管理局关于境外上市外汇管理有关问题的通知》（汇发［2005］6号）。

【办理流程及时限】

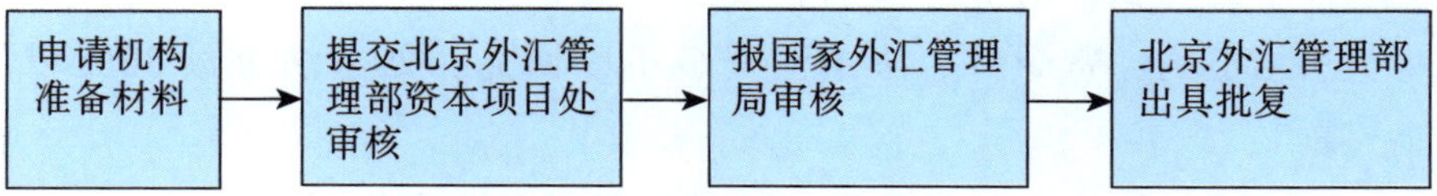

办理时限：北京外汇管理部收到总局批复之日起20个工作日内。

【提交材料】

1. 书面申请（增持原因、增持资金金额及来源、增持时间安排、拟选择开户银行等）；
2. 营业执照副本原件及复印件；
3. 近2年经审计的财务报表；
4. 招股说明书有关股东持股情况章节复印件；
5. 有关主管部门批准文件原件及复印件；
6. 北京外汇管理部要求的其他相关材料。

上述所有书面材料需加盖单位公章。

第十一节（2.11） 企业常见违规行为及适用罚则

一、违反规定将境内外汇转移境外，以欺骗手段将境内资本转移境外等逃汇行为，适用《中华人民共和国外汇管理条例》第三十九条“由外汇管理机关责令限期调回外汇，处逃汇金额30%以下的罚款；情节严重的，处逃汇金额30%以上等值以下的罚款；构成犯罪的，依法追究刑事责任”；

二、违反规定以外汇收付应当以人民币收付的款项，或以虚假、无效的交易单证等向经营结汇、售汇业务的金融机构骗购外汇等非法套汇行为，适用《中华人民共和国外汇管理条例》第四十条“由外汇管理机关责令对非法套汇资金予以回兑，处非法套汇金额30%以下的罚款；

情节严重的，处非法套汇金额30%以上等值以下的罚款；构成犯罪的，依法追究刑事责任”；

三、违反规定将外汇汇入境内行为，适用《中华人民共和国外汇管理条例》第四十一条“由外汇管理机关责令改正，处违法金额30%以下的罚款；情节严重的，处违法金额30%以上等值以下的罚款。非法结汇的，责令对非法结汇资金予以回兑，处违法金额30%以下的罚款”；

四、擅自对外借款、在境外发行债券或者提供对外担保等违反外债管理行为，适用《中华人民共和国外汇管理条例》第四十三条“由外汇管理机关给予警告，处违法金额30%以下的罚款”；

五、违反规定，擅自改变外汇或者结汇资金用途行为，适用《中华人民共和国外汇管理条例》第四十四条“由外汇管理机关责令改正，没收违法所得，处违法金额30%以下的罚款；情节严重的，处违法金额30%以上等值以下的罚款”；

六、违反规定以外币在境内计价结算或者划转外汇等非法使用外汇行为，适用《中华人民共和国外汇管理条例》第四十四条“由外汇管理机关责令改正，给予警告，可以处违法金额30%以下的罚款”；

七、私自买卖外汇、变相买卖外汇、倒买倒卖外汇或者非法介绍买卖外汇数额较大的，适用《中华人民共和国外汇管理条例》第四十五条“由外汇管理机关给予警告，没收违法所得，处违法金额30%以下的罚款；情节严重的，处违法金额30%以上等值以下的罚款；构成犯罪的，依法追究刑事责任”；

八、未按照规定进行国际收支统计申报；未按照规定报送财务会计报告、统计报表等资料；未按照规定提交有效单证或者提交的单证不真实；违反外汇账户管理规定；违反外汇登记管理规定；拒绝、阻碍外汇管理机关依法进行监督检查或者调查，适用《中华人民共和国外汇管理条例》第四十八条“由外汇管理机关责令改正，给予警告，对机构可以处30万元以下的罚款，对个人可以处5万元以下的罚款”。

第三章

个人业务

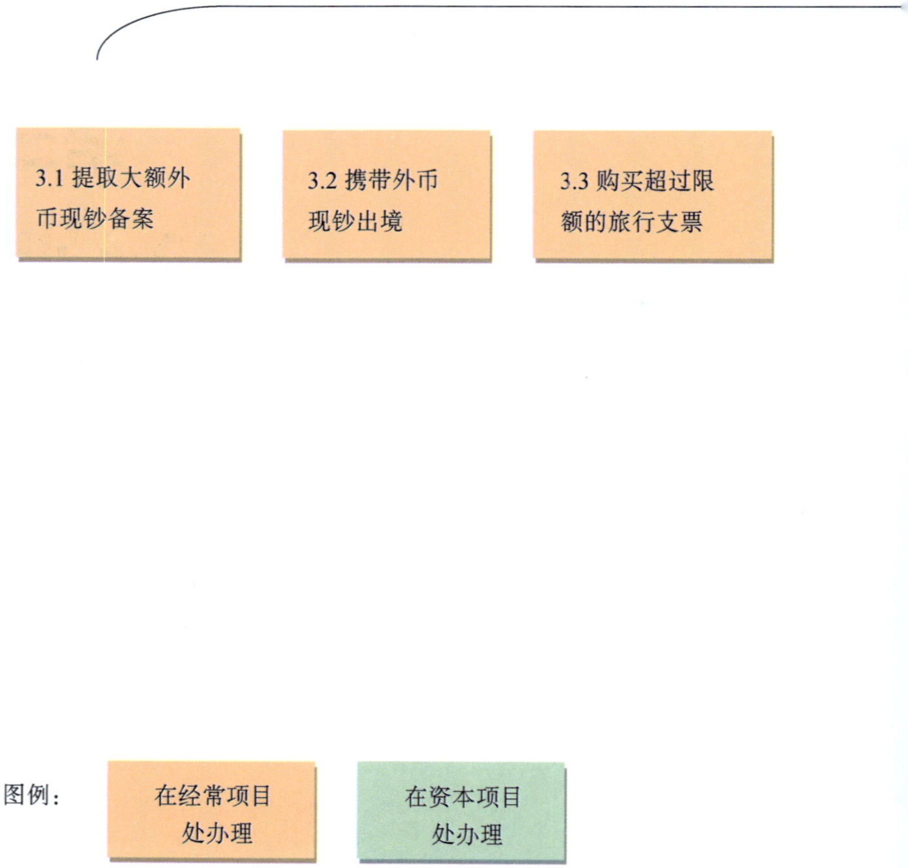
3.1 提取大额外币现钞备案
3.2 携带外币现钞出境
3.3 购买超过限额的旅行支票
图例：
在经常项目处办理
在资本项目处办理

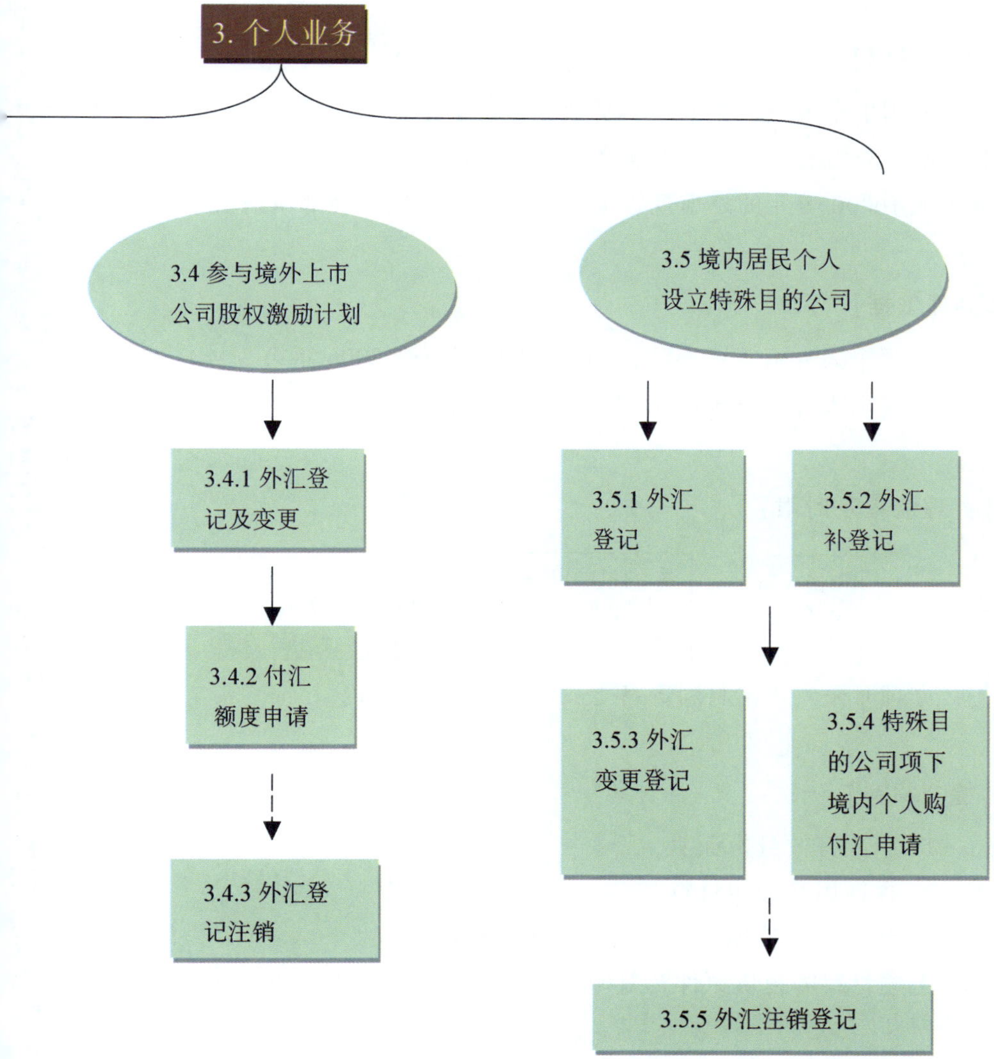
3. 个人业务
3.4 参与境外上市公司股权激励计划
3.4.1 外汇登记及变更
3.4.2 付汇额度申请
3.4.3 外汇登记注销
3.5 境内居民个人设立特殊目的公司
3.5.1 外汇登记
3.5.2 外汇补登记
3.5.3 外汇变更登记
3.5.4 特殊目的公司项下境内个人购付汇申请
3.5.5 外汇注销登记

第一节（3.1） 提取大额外币现钞备案

【业务说明】

原则上个人当日累计不得提取超过等值10000美元的外币现钞。如赴战乱、外汇管制严格、金融条件差或金融动乱的国家或其他特殊情况需提取10000美元的外币现钞的，应向北京外汇管理部申请备案。

【办理依据】

1. 《个人外汇管理办法》（中国人民银行令2006年第3号）；
2. 《个人外汇管理办法实施细则》（汇发［2007］1号）。

【办理流程及时限】

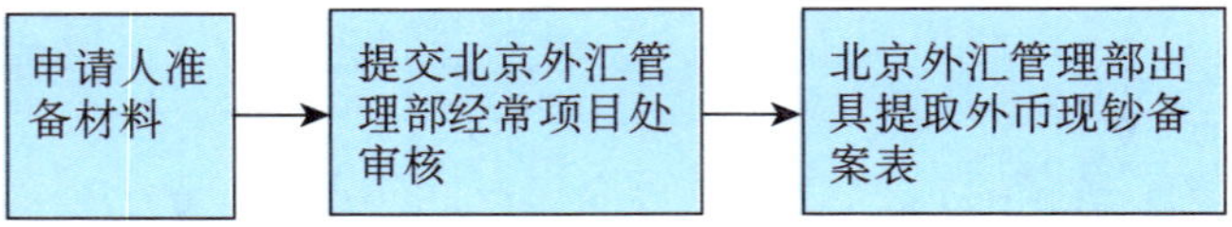

办理时限：申请材料齐备之日起20个工作日内。

【提交材料】

1. 本人有效身份证明；
2. 提钞用途证明材料；
3. 北京外汇管理部要求的其他相关材料。

上述材料需提供原件及复印件；如是外文的，需提供中文翻译件。

第二节（3.2） 携带外币现钞出境

【业务说明】

出境人员原则上不得携带超过等值10000美元外币现钞出境。没有或超出最近一次入境申报外汇现钞数额记录，且因下列原因确需携出金额在等值10000美元以上的，应向北京外汇管理部申领携带外汇出境许可证（简称“携带证”）：人数较多的出境团组；出境时间较长或旅途较长的科学考察团组；政府领导人出访；出境人员赴战乱、外汇管制严格、金融条件差或金融动乱的国家；其他特殊情况。

【办理依据】

1.《携带外币现钞出入境管理暂行办法》（汇发［2003］102号）；

2.《国家外汇管理局关于印发〈携带外币现钞出入境管理操作规程〉的通知》（汇发［2004］21号）。

【办理流程及时限】

申请人准备材料 → 提交北京外汇管理部经常项目处审核 → 北京外汇管理部开具携带外汇出境许可证

办理时限：申请材料齐备情况下，现场领取。

【提交材料】

1. 书面申请（出境目的国名称、出境携带超限额外币现钞事由及携带外币现钞数额等）；

2. 护照或往来港澳通行证、往来台湾通行证；

3. 有效签证或签注；

4. 存款证明（利息清单或取款凭条）、相关购汇凭证或入境申报外币现钞数额的海关申报单等来源证明；

5. 北京外汇管理部要求的其他相关材料。

上述材料需提供原件及复印件；如是外文的，需提供中文翻译件。

【注意事项】

出境人员遗失携带证的，原携带证是由银行签发的，持上述材料向原签发银行申请补办证明，北京外汇管理部凭银行签章的补办证明出具核准件，出境人员凭核准件到银行补办携带证；原携带证是由北京外汇管理部签发的，应持补办申请和上述材料向北京外汇管理部申请。

第三节（3.3） 购买超过限额的旅行支票

【业务说明】

个人用其外汇账户内资金一次性购买外币旅行支票超过等值 50000 美元的，或用外币现钞一次性购买外币旅行支票超过等值 20000 美元的，应向北京外汇管理部申请。

【办理依据】

《国家外汇管理局关于外币旅行支票代售管理等有关问题的通知》（汇发［2004］15 号）。

【办理流程及时限】

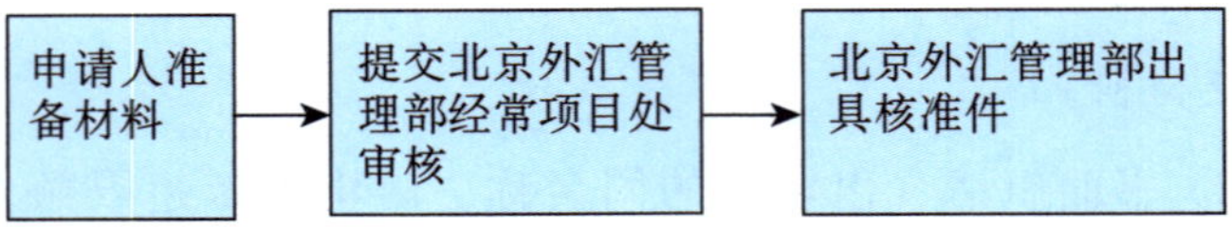

办理时限：申请材料齐备之日起 20 个工作日内。

【提交材料】

1. 购买申请书（出境目的国名称、出境申请大额旅行支票的事由及金额等）；

2. 本人有效身份证明；

3. 已办妥前往国家或地区有效入境签证的护照，或者前往港澳地区的通行证（包括往来港澳地区的通行证）；

4. 境内个人用外币现钞购买外币旅行支票的，还应提供银行取款凭证等证明其合法外汇来源的证明材料；境外个人还应提供其入境申报外币现钞数额的海关申报单等证明其合法外汇来源的证明材料；

5. 北京外汇管理部要求的其他相关材料。

上述材料需提供原件及复印件；如是外文的，需提供中文翻译件。

第四节（3.4） 参与境外上市公司股权激励计划

3.4.1 外汇登记及变更

A. 外汇登记

【业务说明】

境内个人参与境外上市公司股权激励计划，如境内代理在北京辖内的应由代理机构向北京外汇管理部提出外汇登记申请。其收入调回结汇应通过境内代理机构在银行办理。

【办理依据】

《国家外汇管理局关于境内个人参与境外上市公司股权激励计划外汇管理有关问题的通知》（汇发［2012］7号）。

【办理流程及时限】

申请人准备材料 → 提交北京外汇管理部资本项目处审核 → 北京外汇管理部出具外汇登记证明

办理时限：申请材料齐备之日起20个工作日内。

【提交材料】

1. 书面申请，并附境内个人参与境外上市公司股权激励计划外汇登记表；

2. 境外上市公司相关公告等能够证明股权激励计划真实性的证明

材料（涉及国有企业等需经主管部门批准的，另需出具有关主管部门的认可文件）；

3. 境内公司授权境内代理机构统一办理个人参与股权激励计划的授权书或协议；

4. 境内公司出具的个人与其雇佣或劳务关系属实的承诺函（附个人名单、身份证件号码、所涉股权激励类型等）；

5. 北京外汇管理部要求的其他相关材料。

上述所有书面材料需加盖单位公章。

B. 外汇登记变更

【业务说明】

境外上市公司股权激励计划发生重大变更、境内代理机构或境外受托机构发生变更时，境内代理机构应于变更发生后 3 个月内向北京外汇管理部提出外汇登记变更申请。

【办理依据】

《国家外汇管理局关于境内个人参与境外上市公司股权激励计划外汇管理有关问题的通知》（汇发［2012］7 号）。

【办理流程及时限】

办理时限：申请材料齐之日起 20 个工作日内。

【提交材料】

1. 书面申请（公司基本情况、变更原因等）；

2. 原股权激励计划外汇登记证明；

3. 最新填写的境内个人参与境外上市公司股权激励计划外汇登记表；

4. 北京外汇管理部要求的其他相关材料。

上述所有书面材料需加盖单位公章。

3.4.2 付汇额度申请

【业务说明】

境内个人参与境外上市公司股权激励计划需从境内汇出资金的，应由境内代理机构向北京外汇管理部提出付汇额度申请。境内代理机构凭载有对应付汇额度的股权激励计划外汇登记证明可在银行办理购汇和付汇手续。

【办理依据】

《国家外汇管理局关于境内个人参与境外上市公司股权激励计划外汇管理有关问题的通知》（汇发［2012］7号）。

【办理流程及时限】

办理时限：申请材料齐备之日起20个工作日内。

【提交材料】

1. 书面申请（公司基本情况、付汇额度计算理由等）；
2. 原股权激励计划外汇登记证明原件及复印件；
3. 最新填写的境内个人参与境外上市公司股权激励计划外汇登记表；
4. 北京外汇管理部要求的其他相关材料。

上述所有书面材料需加盖单位公章。

3.4.3 外汇登记注销

【业务说明】

境外上市公司股权激励计划到期或终止的，应由境内代理机构于计划到期或终止后20个工作日内向北京外汇管理部提出外汇登记注销申请。

【办理依据】

《国家外汇管理局关于境内个人参与境外上市公司股权激励计划外汇管理有关问题的通知》（汇发［2012］7号）。

【办理流程及时限】

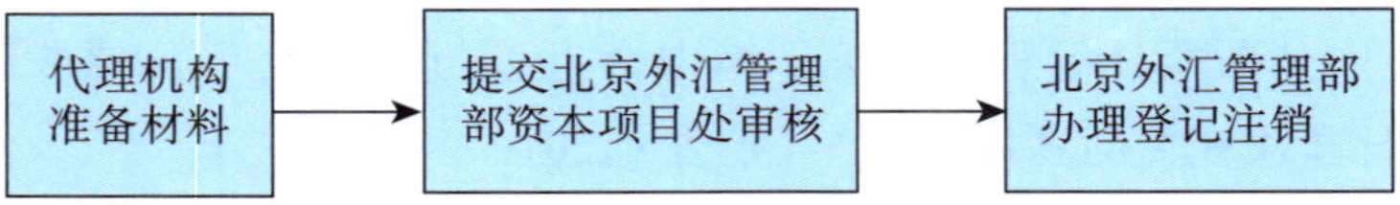

办理时限：申请材料齐备之日起20个工作日内。

【提交材料】

1. 书面申请（公司基本情况、注销原因等）；
2. 原股权激励计划外汇登记证明原件；
3. 北京外汇管理部要求的其他相关材料。

上述所有书面材料需加盖单位公章。

第五节（3.5） 境内居民个人设立特殊目的公司

3.5.1 境内居民个人特殊目的公司外汇登记

【业务说明】

境内居民个人以其辖内企业资产或权益在境外设立特殊目的公司的，

应向北京外汇管理部提出外汇登记申请。境内企业资产或权益分布于不同地区的，应选择其中一家主要企业所在地的外汇局集中办理登记。

申请设立、控制特殊目的公司的境内居民个人除持有中华人民共和国居民身份证或护照等合法身份证明文件的个人外，还包括虽无中国境内合法身份，但因经济利益关系在中国境内习惯性居住的以下三类个人（不论是否持有中华人民共和国合法身份证明文件）：

1. 在境内拥有永久性居所，因境外旅游、就学、就医、工作、境外居留要求等原因而暂时离开永久居所，在上述原因消失后仍回到永久性居所的自然人；

2. 持有境内企业内资权益的自然人；

3. 持有境内企业原内资权益，后该权益虽变更为外资权益但仍为本人所最终持有的自然人。

【办理依据】

1.《国家外汇管理局关于境内居民通过境外特殊目的公司融资及返程投资外汇管理有关问题的通知》（汇发［2005］75号）；

2.《关于外国投资者并购境内企业的规定》（商务部令2006年第10号）；

3.《国家外汇管理局关于印发〈境内居民通过境外特殊目的公司融资及返程投资外汇管理操作规程〉的通知》（汇发［2011］19号）；

4.《国家外汇管理局关于进一步改进和调整直接投资外汇管理政策的通知》（汇发［2012］59号）。

【办理流程及时限】

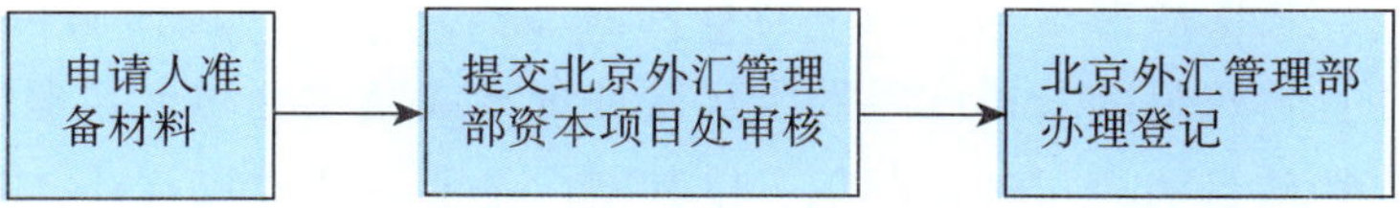

办理时限：申请材料齐备之日起10个工作日内。

【提交材料】

1. 书面申请；

2. 特殊目的公司登记注册文件及股东或实际控制人证明文件（如股东名册、认缴人名册等）；

3. 境内居民个人境外投资外汇登记表（可到北京外汇管理部网址下载）；

4. 个人身份证明文件原件及复印件；

5. 境内企业权力机构同意境外融资的决议书原件及复印件（境内企业尚未设立的，提供境内权益所有人同意境外融资的书面说明）；

6. 境内居民个人直接或间接持有拟境外融资境内企业资产或权益的证明文件原件及复印件；

7. 北京外汇管理部要求的其他相关材料。

上述材料如是外文，需提供翻译件；所有书面材料需申请人签字。

【注意事项】

1. 境内居民个人办理登记之前，可在境外先行设立特殊目的公司，但在登记完成前，该特殊目的公司不得发生境外融资、股权变动或返程投资等实质性资本或股权变动；

2. 境内居民个人通过不属于汇发［2005］75号文件所指“特殊目的公司”性质的境外企业对境内进行直接投资，在如实披露其境内控制人信息并被标识为“个人非特殊目的公司返程投资”后，如申请将该境外企业转为特殊目的公司，适用上述流程。该境外企业不受特殊目的公司登记完成前不得发生返程投资规定的限制。

3.5.2 境内居民个人特殊目的公司外汇补登记

【业务说明】

境内居民个人截至申请日之前已经直接或间接控制特殊目的公司，并且特殊目的公司已经发生实质性资本或股权变动未办理过境内居民个人特殊目的公司外汇登记，以其辖内企业资产或权益补办登记的，应向北京外汇管理部提出补办登记申请；境内企业资产或权益分布于不同地区的，应选择其中一家主要企业所在地的外汇局集中办理登记。

申请办理特殊目的公司补登记的境内居民个人身份界定参照3.5.1境内居民个人特殊目的公司外汇登记相关内容。

【办理依据】

1.《国家外汇管理局关于境内居民通过境外特殊目的公司融资及返程投资外汇管理有关问题的通知》（汇发［2005］75 号）；

2.《关于外国投资者并购境内企业的规定》（商务部令 2006 年第 10 号）；

3.《国家外汇管理局关于加强外汇业务管理有关问题的通知》（汇发［2010］59 号）；

4.《国家外汇管理局关于印发〈境内居民通过境外特殊目的的公司融资及返程投资外汇管理操作规程〉的通知》（汇发［2011］19 号）；

5.《国家外汇管理局综合司关于下发〈国家外汇管理局关于加强外汇业务管理有关问题的通知〉所涉资本项目业务操作指引的通知》（汇综发［2011］29 号）；

6.《国家外汇管理局关于进一步改进和调整直接投资外汇管理政策的通知》（汇发［2012］59 号）。

【办理流程及时限】

申请人准备材料 → 提交北京外汇管理部资本项目处审核 → 移交北京外汇管理部外汇检查处处理 → 北京外汇管理部办理登记

办理时限：申请材料齐备的，移交检查处处理，处理完毕后 20 个工作日内办理。

【提交材料】

1. 书面申请；

2. 特殊目的公司登记注册文件及股东或实际控制人证明文件（如股东名册、认缴人名册等）；

3. 境内居民个人境外投资外汇登记表（可到北京外汇管理部网址下载）；

4. 个人身份证明文件原件及复印件；

5. 境内居民个人直接或间接持有拟境外融资境内企业资产或权益的证明文件原件及复印件；

6. 会计师事务所出具的专项审计报告：审计2005年11月1日以来，特殊目的公司直接或间接控制的境内企业是否向境外支付利润、清算、转股、减资、先行回收投资、股东贷款本息等款项（含将上述款项用于境内再投资、转增资等）；

7. 北京外汇管理部要求的其他相关材料。

上述材料如是外文，需提供翻译件；所有书面材料需申请人签字。

【注意事项】

1. 境内居民个人通过不属于汇发［2005］75号文所指特殊目的公司性质的境外企业对境内进行直接投资，未按规定如实披露其境内控制人信息或未被标识为“个人非特殊目的公司返程投资”的，如申请将该境外企业转为特殊目的公司，适用本条；

2. 境内居民个人通过不属于汇发［2005］75号文所指特殊目的公司性质的境外企业已对境内进行直接投资的，该境外企业视为非特殊目的公司处理，境内居民个人无需为该境外企业办理特殊目的公司登记。

3.5.3 境内居民个人特殊目的公司外汇变更登记

【业务说明】

已在北京外汇管理部办理了境内居民个人特殊目的公司外汇登记的，如发生以下变更事项，应向北京外汇管理部提出变更登记申请：①融资变更；②已登记的特殊目的公司在境外直接设立或间接控制企业；③境内居民个人办理特殊目的公司项下境内个人购付汇业务；④境内居民个人从特殊目的公司获得资本变动收入；⑤特殊目的公司发生其他变更事项。

【办理依据】

1. 《国家外汇管理局关于境内居民通过境外特殊目的公司融资及返程投资外汇管理有关问题的通知》（汇发［2005］75号）；

2. 《关于外国投资者并购境内企业的规定》（商务部令2006年第10号）；

3.《国家外汇管理局关于印发〈境内居民通过境外特殊目的公司融资及返程投资外汇管理操作规程〉的通知》（汇发［2011］19号）；

4.《国家外汇管理局关于进一步改进和调整直接投资外汇管理政策的通知》（汇发［2012］59号）。

【办理流程及时限】

办理时限：申请材料齐备之日起10个工作日内。

【提交材料】

1. 书面申请；

2. 原办理的境内居民个人境外投资外汇登记表，并填写新的境内居民个人境外投资外汇登记表（可到北京外汇管理部网址下载）；

3. 特殊目的公司发生融资的，提供融资协议书（公募上市的需提供招股说明书）、融资资金到账通知并填写特殊目的公司融资情况登记表；

4. 特殊目的公司发生融资以外变更事项的，提供真实性证明材料；

5. 北京外汇管理部要求的其他相关材料。

【注意事项】

特殊目的公司发生融资变更事项的，应在融资资金首次到账后30个工作日内提出变更登记手续，未办理变更登记手续的，境外融资资金不得以投资、外债等形式调回境内使用；已登记的特殊目的公司在境外直接设立或间接控制企业的，应在企业设立或控制之日起30个工作日内办理特殊目的公司外汇变更登记，未经登记的境外企业不得作为后续融资及返程投资的合法主体；境内居民个人办理特殊目的公司项下境内个人购付汇业务的，公司应在股份认购、股权回购或退市完成后30个工作日内到原特殊目的公司登记地外汇局办理变更登记手续；境内居民个人从特殊目的公司获得资本变动收入的，应在调回境内之前办理特殊目的公司变更登记手续；特殊目的公司发生其他变更事项的，可在外商投资企业年检期间凭相关真实性证明材料到原特殊目的公司登记地外汇局集中办理变更登记。

3.5.4　特殊目的公司项下境内个人购付汇申请

【业务说明】

已在北京外汇管理部办理了境内居民个人特殊目的公司外汇登记的，该特殊目的公司在境外公开股票交易市场上市后，如涉及股份回购或退市操作需办理购付汇，应向北京外汇管理部提出购付汇申请。其所控制的特殊目的公司应在股份认购、股权回购或退市完成后30个工作日内到北京外汇管理部办理变更登记手续。

境内居民个人可集中委托特定境内机构或个人，在境内汇聚收购或回购的人民币资金，由集中受托人向受托人所在地外汇局申请购汇汇出。

【办理依据】

1.《国家外汇管理局关于境内居民通过境外特殊目的公司融资及返程投资外汇管理有关问题的通知》（汇发［2005］75号）；

2.《关于外国投资者并购境内企业的规定》（商务部令2006年第10号）；

3.《国家外汇管理局综合司关于新加坡上市公司中部大观地产有限公司退市操作有关外汇管理问题的批复》（汇综复［2011］137号）；

4.《国家外汇管理局关于进一步改进和调整直接投资外汇管理政策的通知》（汇发［2012］59号）。

【办理流程及时限】

申请人准备材料 → 提交北京外汇管理部资本项目处审核 → 北京外汇管理部办理核准

办理时限：申请材料齐备之日起10个工作日内。

【提交材料】

1. 书面申请（包括境外上市情况、资金汇出需求及安排等内容）；

2. 原境内居民个人境外投资外汇登记表原件，新的境内居民个人境外投资外汇登记表（可到北京外汇管理部网址下载）；

3. 上市公司公告或公司董事会（股东会）决议等证明材料；

4. 境外上市公司如成功退市，应在退市操作完成后30日内，补充提供公司退市的相关证明文件；

5. 境内居民个人采取委托方式集中汇出资金的，应提交授权委托书；

6. 北京外汇管理部要求的其他相关材料。

上述材料如是外文，需提供翻译件；所有书面材料需申请人签字。

【注意事项】

1. 境内居民个人购汇汇出的资金应专项用于申请事项，不得转作其他用途；

2. 一年内交易未成功的，应及时汇回相关资金。

3.5.5 境内居民个人特殊目的公司外汇注销登记

【业务说明】

已在北京外汇管理部办理了特殊目的公司外汇登记的，该特殊目的公司不再直接或间接被境内居民个人持股或控制（境内居民个人通过境内机构持股或控制的除外），且境外收入已按规定调回境内后，境内居民个人应向北京外汇管理部提出注销登记申请。

【办理依据】

1.《国家外汇管理局关于境内居民通过境外特殊目的公司融资及返程投资外汇管理有关问题的通知》（汇发［2005］75号）；

2.《关于外国投资者并购境内企业的规定》（商务部令2006年第10号）；

3.《国家外汇管理局关于印发〈境内居民通过境外特殊目的公司融资及返程投资外汇管理操作规程〉的通知》（汇发［2011］19号）；

4.《国家外汇管理局关于进一步改进和调整直接投资外汇管理政策的通知》（汇发［2012］59号）。

【办理流程及时限】

申请人准备材料 → 提交北京外汇管理部资本项目处审核 → 北京外汇管理部办理登记

办理时限：申请材料齐备之日起 10 个工作日内。

【提交材料】

1. 书面申请；
2. 原境内居民个人境外投资外汇登记表；
3. 特殊目的公司董事会决议或股权转让协议；
4. 北京外汇管理部要求的其他相关材料。

上述材料如是外文，需提供翻译件；所有书面材料需申请人签字。

第六节（3.6） 个人常见违规行为及适用罚则

一、以分拆等方式规避个人结汇和境内个人购汇年度总额管理行为，适用《中华人民共和国外汇管理条例》第三十九条“有违反规定将境内外汇转移境外，或者以欺骗手段将境内资本转移境外等逃汇行为的，由外汇管理机关责令限期调回外汇，处逃汇金额 30% 以下的罚款；情节严重的，处逃汇金额 30% 以上等值以下的罚款；构成犯罪的，依法追究刑事责任”；

二、非法经营外汇业务和私自买卖外汇行为，适用《中华人民共和国外汇管理条例》第四十五条“私自买卖外汇、变相买卖外汇、倒买倒卖外汇或者非法介绍买卖外汇数额较大的，由外汇管理机关给予警告，没收违法所得，处违法金额 30% 以上的罚款；情节严重的，处违法金额 30% 以上等值以下的罚款；构成犯罪的，依法追究刑事责任”；

三、在境外投资特殊目的公司并返程投资，但未办理境外投资外汇登记手续行为，适用《个人外汇管理办法实施细则》第三十九条“……，对于《中华人民共和国外汇管理条例》（以下简称《条例》）及其他相关规定没有明确规定的，对银行和个人应分别处以人民币 3 万元和 1000 元以下的罚款”。

第四章

其他机构业务

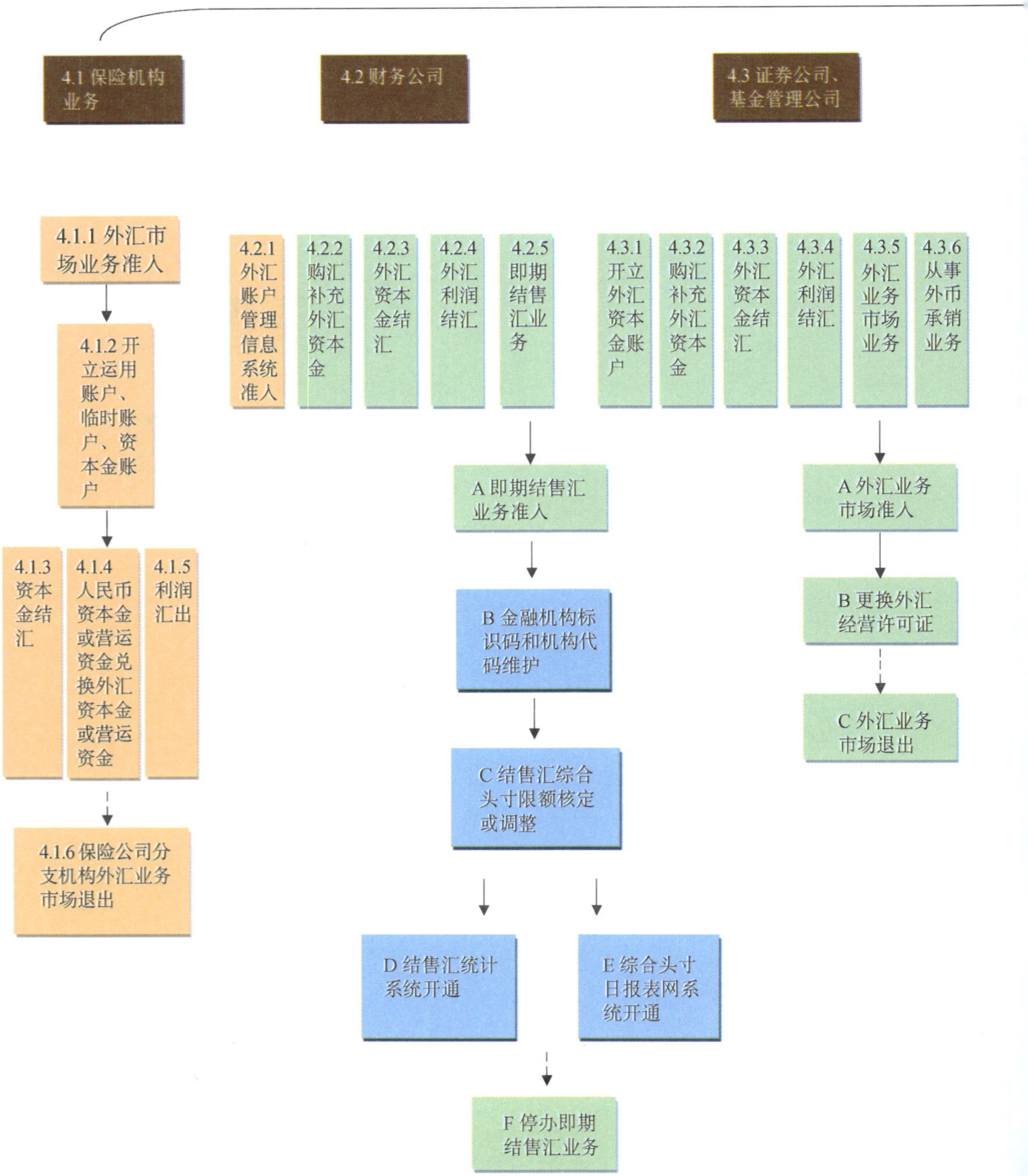
4.1 保险机构业务
4.2 财务公司
4.3 证券公司、基金管理公司
4.1.1 外汇市场业务准入
4.1.2 开立运用账户、临时账户、资本金账户
4.1.3 资本金结汇
4.1.4 人民币资本金或营运资金兑换外汇资本金或营运资金
4.1.5 利润汇出
4.1.6 保险公司分支机构外汇业务市场退出
4.2.1 外汇账户管理信息系统准入
4.2.2 购汇补充外汇资本金
4.2.3 外汇资本金结汇
4.2.4 外汇利润结汇
4.2.5 即期结售汇业务
A 即期结售汇业务准入
B 金融机构标识码和机构代码维护
C 结售汇综合头寸限额核定或调整
D 结售汇统计系统开通
E 综合头寸日报表网系统开通
F 停办即期结售汇业务
4.3.1 开立外汇资本金账户
4.3.2 购汇补充外汇资本金
4.3.3 外汇资本金结汇
4.3.4 外汇利润结汇
4.3.5 外汇业务市场业务
4.3.6 从事外币承销业务
A 外汇业务市场准入
B 更换外汇经营许可证
C 外汇业务市场退出

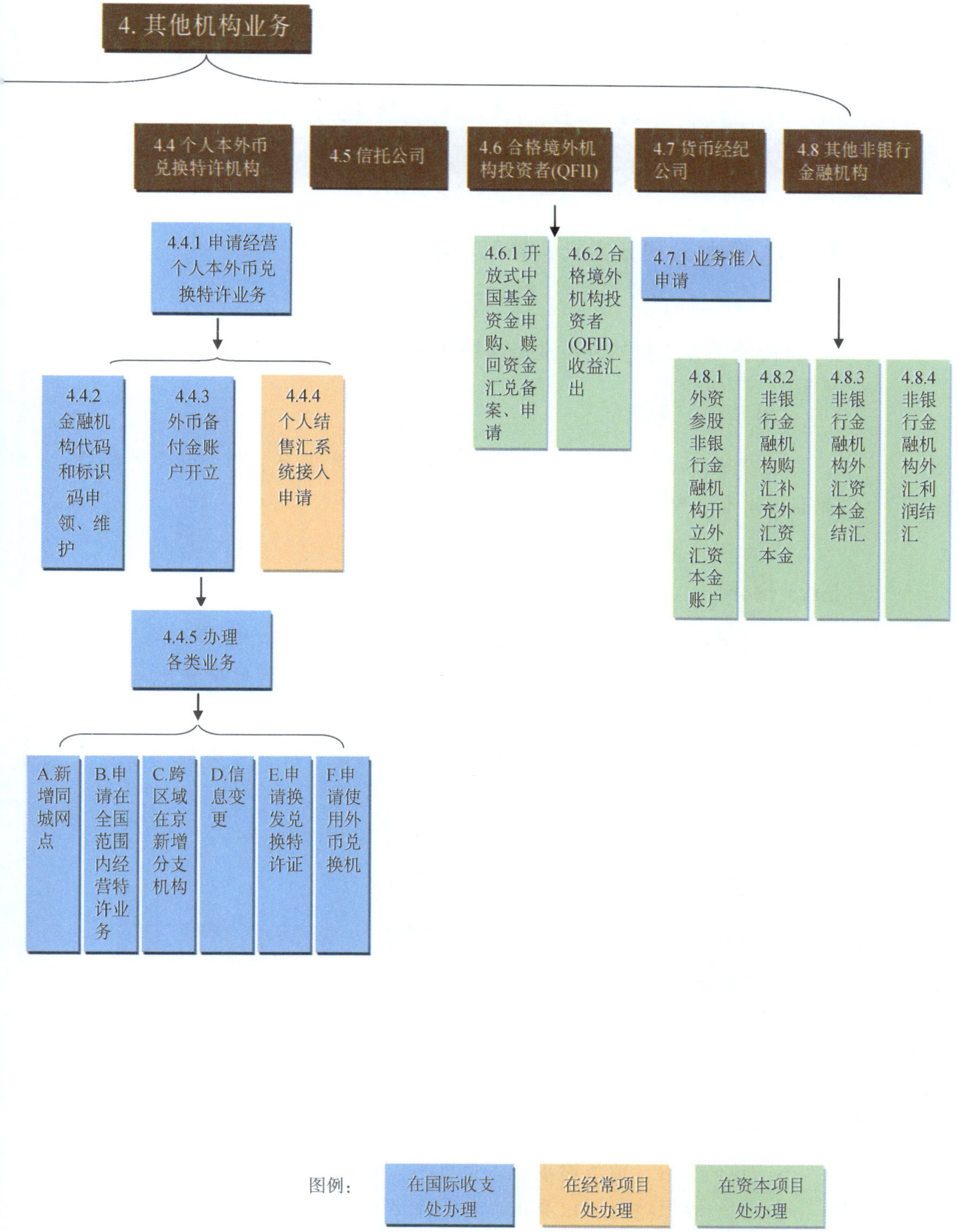

4. 其他机构业务
4.4 个人本外币兑换特许机构
4.5 信托公司
4.6 合格境外机构投资者(QFII)
4.7 货币经纪公司
4.8 其他非银行金融机构
4.4.1 申请经营个人本外币兑换特许业务
4.4.2 金融机构代码和标识码申领、维护
4.4.3 外币备付金账户开立
4.4.4 个人结售汇系统接入申请
4.4.5 办理各类业务
A.新增同城网点
B.申请在全国范围内经营特许业务
C.跨区域在京新增分支机构
D.信息变更
E.申请换发兑换特许证
F.申请使用外币兑换机
4.6.1 开放式中国基金资金申购、赎回资金汇兑备案、申请
4.6.2 合格境外机构投资者(QFII)收益汇出
4.7.1 业务准入申请
4.8.1 外资参股非银行金融机构开立外汇资本金账户
4.8.2 非银行金融机构购汇补充外汇资本金
4.8.3 非银行金融机构外汇资本金结汇
4.8.4 非银行金融机构外汇利润结汇
图例：
在国际收支处办理
在经常项目处办理
在资本项目处办理

第一节（4.1） 保险机构

4.1.1 保险公司分支机构外汇市场业务准入

A. 保险公司分支机构外汇业务市场准入

【业务说明】

辖内保险公司分支机构从事外汇保险等外汇业务，应向北京外汇管理部提出准入申请。

【办理依据】

1.《保险业务外汇管理暂行规定》（汇发［2002］95号）；

2.《国家外汇管理局关于印发〈保险业务外汇管理操作规程〉的通知》（汇发［2003］118号）；

3.《国家外汇管理局关于简化对保险机构外汇业务审核手续有关问题的通知》（汇发［2004］85号）。

【办理流程及时限】

保险公司分支机构准备材料 → 提交北京外汇管理部经常项目处审核 → 北京外汇管理部核发经营外汇业务许可证

办理时限：申请材料齐备之日起20个工作日内。

【提交材料】

1. 书面申请（业务需求、人员配置、营业场所和设施等）；

2. 上一级保险公司出具的、授权其经营外汇业务和承诺其资金最后清偿的文件；

3. 上一级保险公司经营外汇业务许可证正副本复印件；

4. 中国保监会颁发的经营保险业务许可证正、副本复印件；

5. 外汇业务主管人员的名单、履历；

6. 与申请外汇业务相应的内部控制制度和外汇资金管理制度；

7. 北京外汇管理部要求的其他相关材料。

上述所有书面材料需加盖单位公章。

B. 保险公司分支机构扩大外汇业务

【业务说明】

辖内保险公司分支机构可以根据业务发展需要，向北京外汇管理部申请扩大外汇业务。

【办理依据】

1.《保险业务外汇管理暂行规定》（汇发［2002］95号）；

2.《国家外汇管理局关于印发〈保险业务外汇管理操作规程〉的通知》（汇发［2003］118号）；

3.《国家外汇管理局关于简化对保险机构外汇业务审核手续有关问题的通知》（汇发［2004］85号）。

【办理流程及时限】

办理时限：申请材料齐备之日起20个工作日内。

【提交材料】

1. 书面申请及可行性报告（申请新增外汇业务的需求、开办新增业务的规划等）；

2. 经营外汇业务许可证有效期内的外汇业务经营状况和财务状况的报告；

3. 经营外汇业务许可证正、副本复印件；
4. 新增外汇业务人员名单、履历；
5. 新增外汇业务内部控制制度和外汇资金管理制度；
6. 北京外汇管理部要求的其他相关材料。
上述所有书面材料需加盖单位公章。

C. 保险公司分支机构更换经营外汇业务许可证

【业务说明】

辖内保险公司分支机构经营外汇业务许可证到期后继续经营外汇业务的，应在到期前3个月向北京外汇管理部申请。

【办理依据】

1.《保险业务外汇管理暂行规定》（汇发［2002］95号）；

2.《国家外汇管理局关于印发〈保险业务外汇管理操作规程〉的通知》（汇发［2003］118号）；

3.《国家外汇管理局关于简化对保险机构外汇业务审核手续有关问题的通知》（汇发［2004］85号）。

【办理流程及时限】

办理时限：申请材料齐备之日起20个工作日内。

【提交材料】

1. 书面申请（拟申请继续经营的外汇业务范围）；
2. 近3年来的外汇业务经营情况和财务状况的报告；
3. 会计师事务所出具的外汇资本金或外汇营运资金的审计报告；
4. 原经营外汇业务许可证正、副本复印件；
5. 上一级保险机构同意其继续经营外汇业务的授权书；

6. 北京外汇管理部要求的其他相关材料。

上述所有书面材料需加盖单位公章。

4.1.2 开立运用账户、临时账户、资本金账户

A. 保险公司外汇资金运用账户的开立、变更及关闭

【业务说明】

保险公司外汇资金运用应限于国务院规定的资金运用形式，并按规定向国家外汇管理局申请开立专门的外汇资金运用账户进行管理。经核准具有外汇资金运用资格的辖内保险经营机构，可向北京外汇管理部申请开立外汇资金运用账户。

【办理依据】

1.《保险业务外汇管理暂行规定》（汇发［2002］95号）；

2.《国家外汇管理局关于印发〈保险业务外汇管理操作规程〉的通知》（汇发［2003］118号）；

3.《国家外汇管理局综合司关于保险中介机构开立外汇资本金账户有关问题的通知》（汇综发［2006］6号）。

【办理流程及时限】

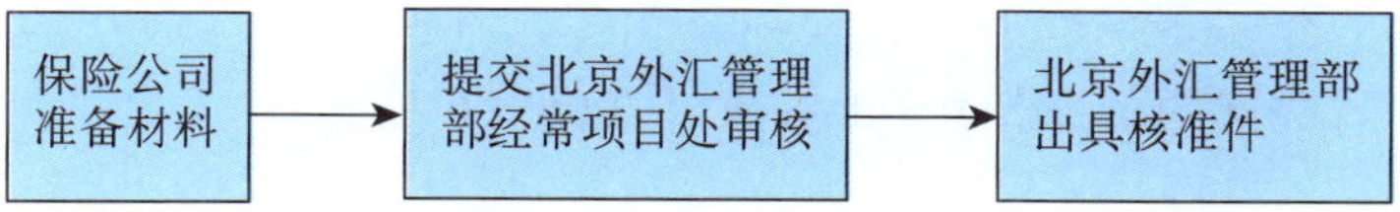

办理时限：申请材料齐备之日起20个工作日内。

【提交材料】

1. 书面申请（保险公司基本情况、所从事的外汇资金运用业务基本情况等）；

2. 经营外汇业务许可证正、副本复印件；

3. 国家外汇管理局有关该机构从事外汇资金运用业务的核准文件；

4. 营业执照复印件；

5. 组织机构代码证复印件；

6. 变更和关闭账户的，还需提供原外汇资金运用账户开户核准件（公司留存联）；

7. 北京外汇管理部要求的其他相关材料。

上述所有书面材料需加盖单位公章。

【注意事项】

保险公司分支机构不得开立外汇资金运用账户。

B. 保险公司临时账户的开立及关闭

【业务说明】

辖内保险公司在筹建期间开立、关闭临时账户，以及辖内保险机构在增资期间开立、关闭临时账户，应向北京外汇管理部提出申请。

【办理依据】

1. 《保险业务外汇管理暂行规定》（汇发［2002］95 号）；

2. 《国家外汇管理局关于印发〈保险业务外汇管理操作规程〉的通知》（汇发［2003］118 号）。

3. 《国家外汇管理局综合司关于保险中介机构开立外汇资本金账户有关问题的通知》（汇综发［2006］6 号）。

【办理流程及时限】

办理时限：申请材料齐备之日起 20 个工作日内。

【提交材料】

一、保险公司筹建期开立临时账户

1. 书面申请（公司基本情况、拟开户银行和币种等）；
2. 中国保监会批准筹建的批复；
3. 工商行政管理部门关于筹建公司的名称预核准文件；
4. 合资保险机构还应提供双方签订的合资合同（协议）；
5. 北京外汇管理部要求的其他相关材料。

二、保险公司筹建期关闭临时账户

1. 书面申请（关闭账户原因、余额处理方式等）；
2. 原筹建期临时账户开户核准件（公司留存联）；
3. 会计事务所出具的验资报告；
4. 如果公司不成立，需提供筹建组有关公司不成立的决议或保监会出具的不予成立的文件；
5. 北京外汇管理部要求的其他相关材料。

三、保险公司开立临时增资账户：

1. 书面申请（增资基本情况、外方入资金额、拟开户银行及币种等）；
2. 保险公司法人许可证或经营保险业务许可证复印件（保险集团公司以营业执照复印件代替）；
3. 董事会批准有关增资的决议；
4. 北京外汇管理部要求的其他相关材料。

四、保险公司关闭临时增资账户

1. 书面申请（关闭账户原因、余额处理方式等）；
2. 原临时增资账户开户核准件（公司留存联）；
3. 会计师事务所验资报告；
4. 如需将增资资金划转至保险公司外汇资本金账户，需提交保险公司外汇资本金账户原开户核准件（公司留存联）；如需将增资资金划转至保险公司外汇经营账户，需提交外汇局颁发的经营外汇业务许可证正、副本复印件；
5. 如增资事项被撤销，需提供董事会有关公司撤销增资的决议或保监会不予批准增资的文件；

6. 北京外汇管理部要求的其他相关材料。

上述所有书面材料需加盖单位公章。

C. 保险公司资本金账户的开立、变更及关闭

【业务说明】

辖内保险公司正式设立后或保险公司（法人机构）吸收外国参股可向北京外汇管理申请开立资本金账户。账户变更或关闭应提出变更或关闭申请。

【办理依据】

1. 《保险业务外汇管理暂行规定》（汇发［2002］95号）；

2. 《国家外汇管理局关于印发〈保险业务外汇管理操作规程〉的通知》（汇发［2003］118号）；

3. 《国家外汇管理局综合司关于保险中介机构开立外汇资本金账户有关问题的通知》（汇综发［2006］6号）。

【办理流程及时限】

办理时限：申请材料齐备之日起20个工作日内。

【提交材料】

一、保险公司正式设立后开立外汇资本金账户

1. 书面申请（公司基本情况、外方入资金额、拟开户银行及币种等）；

2. 中国保监会批准公司开业的文件；

3. 营业执照复印件；

4. 组织机构代码证复印件；

5. 公司章程；

6. 北京外汇管理部要求的其他相关材料。

二、保险公司（法人机构）吸收外国参股开立外汇资本金账户

1. 书面申请（外国参股基本情况、外方入资金额、拟开户银行及币种等）；

2. 保险公司法人许可证或经营保险业务许可证复印件（保险集团公司可不提供）；

3. 营业执照复印件；

4. 组织机构代码证复印件；

5. 合资合作合同、章程；

6. 相关主管部门批准合资、募股的批复；

7. 外国投资者的背景材料；

8. 北京外汇管理部要求的其他相关材料。

三、保险公司外汇资本金账户变更

1. 书面申请（基本情况、注明变更事项及原因等）；

2. 保险公司法人许可证或经营保险业务许可证复印件（保险集团公司以营业执照复印件代替）；

3. 原资本金账户开户核准件（公司留存联）；

4. 公司因增资或减资导致的账户变更，还应提供保监会批准文件、董事会决议、营业执照和验资报告；

5. 最近5个工作日银行出具的外汇资本金账户对账单；

6. 北京外汇管理部要求的其他相关材料。

四、保险公司外汇资本金账户关闭

1. 书面申请（基本情况、注明变更事项及原因等）；

2. 保险公司法人许可证或经营保险业务许可证复印件（保险集团公司以营业执照复印件代替）；

3. 原资本金账户开户核准件（公司留存联）；

4. 北京外汇管理部要求的其他相关材料。

上述材料如是外文的，需提供中文翻译件；所有书面材料需加盖单位公章。

D. 保险经纪公司、保险代理公司开立外汇专用账户（经常项目暂收代付账户）

【业务说明】

辖内保险经纪公司可向北京外汇管理部申请开立经常项目暂收代付账户，用于暂收代付外汇保险项下有关保险费、赔款或相关费用，以及其他经常项目外汇收支。

辖内保险代理公司可向北京外汇管理部申请开立经常项目暂收代付账户，用于暂收代付外汇保险项下有关保险费和赔款。

【办理依据】

1. 《保险业务外汇管理暂行规定》（汇发［2002］95 号）；

2. 《国家外汇管理局关于印发〈保险业务外汇管理操作规程〉的通知》（汇发［2003］118 号）；

3. 《国家外汇管理局关于简化对保险机构外汇业务审核手续有关问题的通知》（汇发［2004］85 号）。

【办理流程及时限】

办理时限：申请材料齐备之日起 20 个工作日内。

【提交材料】

1. 书面申请（公司基本情况、拟开户银行及币种等）；
2. 经营保险经纪业务许可证或经营保险代理业务许可证；
3. 营业执照复印件；
4. 组织机构代码证复印件；
5. 公司章程；
6. 外汇业务人员的名单、履历等；
7. 北京外汇管理部要求的其他相关材料。

上述所有书面材料需加盖单位公章。

【注意事项】

保险代理机构为境内保险经营机构代理外汇保险收取的代理费用等须以人民币计价结算。

4.1.3 资本金结汇

【业务说明】

辖内保险公司一次性结汇100万美元（含）以下的，应向北京外汇管理部申请；一次性结汇在100万美元以上的，直接向国家外汇管理局提出申请。

【办理依据】

1.《保险业务外汇管理暂行规定》（汇发［2002］95号）；

2.《国家外汇管理局关于印发〈保险业务外汇管理操作规程〉的通知》（汇发［2003］118号）。

3.《国家外汇管理局关于简化对保险机构外汇业务审核手续有关问题的通知》（汇发［2004］85号）。

【办理流程及时限】

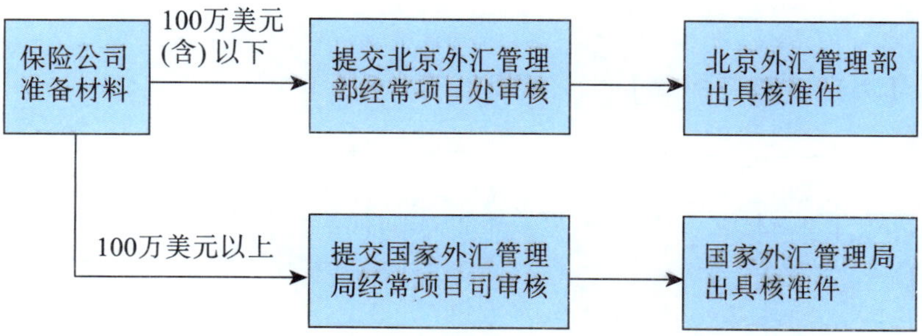

办理时限：申请材料齐备之日起20个工作日内。

【提交材料】

1. 书面申请（公司基本情况、结汇事由及数额、公司本、外币资金使用情况及头寸情况等)；

2. 经审计的上年度外币资产负债表、利润分配表（公司成立不足一年的，提交最近一期经审计的上述报表)；

3. 经营外汇业务许可证正、副本复印件；

4. 保险公司法人许可证或经营保险业务许可证复印件（保险集团公司以营业执照复印件代替)；

5. 北京外汇管理部要求的其他相关材料。

上述所有书面材料需加盖单位公章。

4.1.4 人民币资本金或营运资金兑换外汇资本金或营运资金

【业务说明】

辖内保险公司将人民币资本金或营运资金转换成外汇资本金或营运资金，不超过等值100万美元的，应向北京外汇管理部申请；超过等值100万美元的，直接向国家外汇管理局提出申请。

【办理依据】

1.《保险业务外汇管理暂行规定》(汇发［2002］95号)；

2.《国家外汇管理局关于印发〈保险业务外汇管理操作规程〉的通知》(汇发［2003］118号)。

【办理流程及时限】

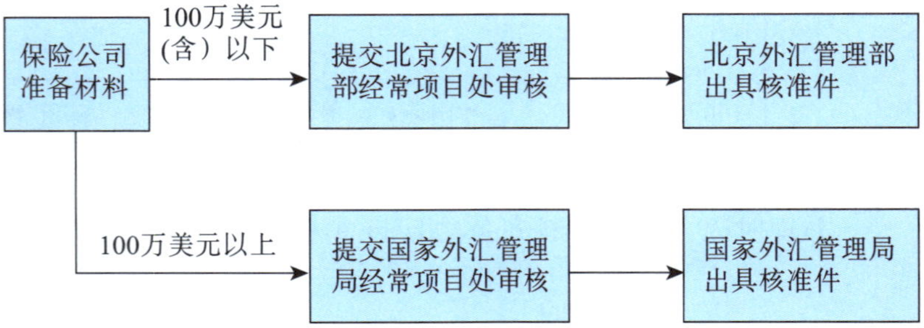

办理时限：申请材料齐备之日起20个工作日内。

【提交材料】

1. 书面申请（公司基本情况、以人民币兑换外汇资本金事由及数额、公司本外币资金使用情况及头寸情况等）；

2. 经审计的上年度人民币资产负债表、利润分配表（公司成立不足一年的，提交最近一期经审计的上述报表；保险机构因开办外汇业务而购买外汇资本金，可不提交上年度外币资产负债表、利润分配表）；

3. 经营外汇业务许可证正、副本复印件；

4. 保险公司法人许可证或经营保险业务许可证复印件（保险集团公司以工商营业执照复印件代替）；

5. 北京外汇管理部要求的其他相关材料。

上述所有书面材料需加盖单位公章。

4.1.5 利润汇出

【业务说明】

辖内外资保险公司外方股东根据董事会决议和中国保监会批准文件分配所得年度经营收益，经北京外汇管理部核准后可以汇出。其中，分配所得人民币收益经核准后可以购汇汇出。

【办理依据】

1.《关于外汇指定银行办理利润、股息、红利汇出有关问题的通知》（汇发［1998］29号）；

2.《关于修改〈关于外汇指定银行办理利润、股息、红利汇出有关问题的通知〉的通知》（汇发［1999］308号）；

3.《保险业务外汇管理暂行规定》（汇发［2002］95号）；

4.《关于服务贸易等项目对外支付提交税务证明有关问题的通知》（汇发［2008］64号）。

【办理流程及时限】

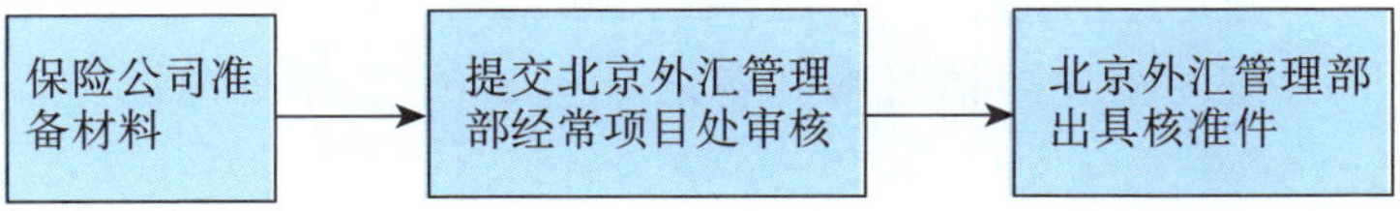

办理时限：申请材料齐备之日起20个工作日内。

【提交材料】

1. 书面申请（公司基本情况、外方股东外汇收益数额等）；

2. 保险公司法人许可证或经营保险业务许可证复印件（保险集团公司以营业执照复印件代替）；

3. 税务证明；

4. 由会计师事务所出具的利润或股息、红利发生年度的审计报告；

5. 董事会关于利润或股息、红利分配的决议；

6. 会计师事务所提供的验资报告；

7. 北京外汇管理部要求的其他相关材料。

上述所有书面材料需加盖单位公章。

4.1.6 保险公司分支机构外汇业务市场退出

【业务说明】

保险公司分支机构终止外汇业务，应向北京外汇管理部申请。

【办理依据】

1.《保险业务外汇管理暂行规定》（汇发［2002］95号）；

2.《国家外汇管理局关于印发〈保险业务外汇管理操作规程〉的通知》（汇发［2003］118号）；

3.《国家外汇管理局关于简化对保险机构外汇业务审核手续有关问题的通知》（汇发［2004］85号）。

【办理流程及时限】

办理时限：申请材料齐备之日起20个工作日内。

【提交材料】

1. 书面申请（申请终止外汇业务的理由）；
2. 终止外汇业务后的债权债务处理措施、步骤等方案；
3. 经营外汇业务许可证正、副本复印件；
4. 经会计师事务所审计的近3年本外币资产负债表等财务报表；
5. 董事会或者所属保险机构签署的同意其终止外汇业务的文件；
6. 北京外汇管理部要求的其他相关材料。

上述所有书面材料需加盖单位公章。

【注意事项】

1. 保险公司申请终止外汇业务，由原经营外汇业务许可证发证外汇局负责终止业务的最终审核；

2. 经外汇局核准终止外汇业务的保险公司，应当自收到核准文件后1个月内向原发证外汇局缴销其经营外汇业务许可证。

第二节（4.2） 财务公司

4.2.1 外汇账户管理信息系统准入

此项业务办理参见1.5.3。

4.2.2 购汇补充外汇资本金

此项业务办理参见4.8.2。

4.2.3 外汇资本金结汇

此项业务办理参见4.8.3。

4.2.4 外汇利润结汇

此项业务办理参见 4.8.4。

4.2.5 即期结售汇业务

A. 即期结售汇业务准入

【业务说明】

辖内企业集团财务公司开展即期结售汇业务应向北京外汇管理部提出准入申请。财务公司的分支机构不得经营结售汇业务。

【办理依据】

《国家外汇管理局关于发布〈境内企业内部成员外汇资金集中运营管理规定〉的通知》(汇发［2009］49 号)。

【办理流程及时限】

办理时限：申请材料齐备之日起 20 个工作日内。

【提交材料】

1. 书面申请（企业集团、财务公司及其他成员公司的基本情况，近两年企业集团外汇收支和结售汇情况，财务公司外汇业务经营情况，经营结售汇业务的可行性分析报告等）;

2. 财务公司金融许可证及银行业监督管理机构关于该财务公司业务范围的批准文件;

3. 结售汇业务内部管理规章制度及说明（结售汇业务操作规程和

内控制度、结售汇业务统计报告制度、结售汇业务单证管理制度、独立的结售汇业务会计科目及核算办法）；

4. 国际收支申报业务内部管理规章制度及说明；

5. 结售汇汇价接收、发送管理系统及查询相关数据的设备等情况；

6. 财务公司资本金或营运资金的验资报告；

7. 从事结售汇业务高管人员的名单、履历；

8. 企业财务集团和财务公司最近两年经审计的财务报表；

9. 集团公司对财务公司申请结售汇业务的授权文件；

10. 北京外汇管理部要求的其他相关材料。

上述所有书面材料需加盖单位公章。

B. 金融机构标识码和机构代码维护

此项业务参见 1.1

C. 结售汇综合头寸限额核定或调整

此项业务参见 1.3

D. 银行结售汇统计系统开通申请

此项业务参见 1.5.1

E. 银行结售汇综合头寸日报表系统开通申请

此项业务参见 1.5.2

F. 停止办理即期结售汇业务

【业务说明】

辖内企业集团财务公司停止办理即期结售汇业务应向北京外汇管理部提出停办申请。

【办理依据】

1.《国家外汇管理局关于发布〈境内企业内部成员外汇资金集中运营管理规定〉的通知》（汇发［2009］49 号）。

2.《国家外汇管理局关于调整部分资本项目外汇业务审批权限的通知》(汇发［2009］21号)。

【办理流程及时限】

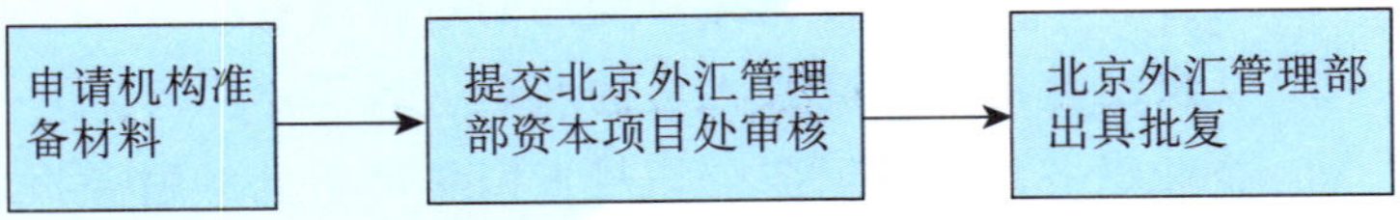

办理时限：申请材料齐备之日起20个工作日内。

【提交材料】

1. 书面申请（停办原因及后续处理措施等）；

2. 企业集团决定集团财务公司停办结售汇业务的文件（需要主管部门批准的，同时提供批复文件）；

3. 申请停办之前结售汇业务开展情况介绍；

4. 财务公司经会计师事务所审计的近期资产负债表；

5. 北京外汇管理部要求的其他相关材料。

上述所有书面材料需加盖单位公章。

第三节（4.3） 证券公司、基金管理公司

4.3.1 开立外汇资本金账户

此项业务办理参见4.8.1。

4.3.2 购汇补充外汇资本金

此项业务办理参见4.8.2。

4.3.3 外汇资本金结汇

此项业务办理参见4.8.3。

4.3.4 外汇利润结汇

此项业务办理参见4.8.4。

4.3.5 外汇业务市场业务

A. 外汇业务市场准入

【业务说明】

辖内证券公司开办外币有价证券经纪和外币有价证券承销等外汇业务应向北京外汇管理部提出准入申请，取得批复文件后20个工作日内到国家外汇管理局领取证券业务外汇经营许可证。

【办理依据】

1.《中华人民共和国外汇管理条例》（国务院2008第532号令）；

2.《非银行金融机构外汇业务管理规定》（1992）；

3.《国家外汇管理局关于外资参股基金管理公司有关外汇管理问题的通知》（汇发［2003］44号）；

4. 中国人民银行公告［2006］第5号；

5.《国家外汇管理局关于基金管理公司境外证券投资外汇管理有关问题的通知》（汇发［2006］46号）；

6.《合格境内机构投资者境外证券投资管理试行办法》（中国证券监督管理委员会2007年第46号令）。

【办理流程及时限】

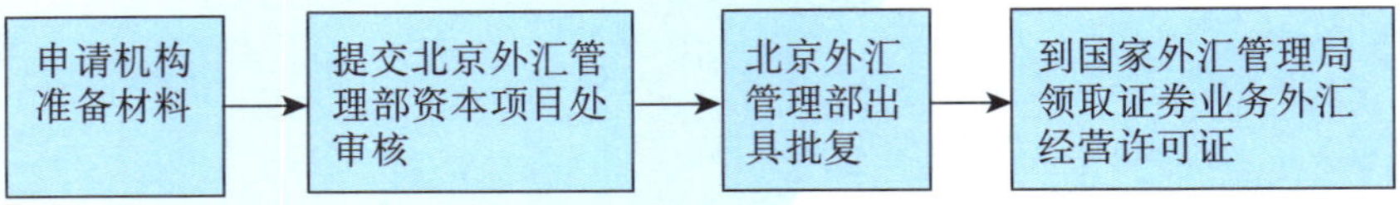

办理时限：申请材料齐备之日起 20 个工作日内。

【提交材料】

1. 书面申请（公司概况、股东结构及其基本情况、经营外汇业务的可行性、内部组织机构、外汇业务范围、经营外汇业务场所和设施以及外汇资本金情况，外汇资本金不符合规定的，应申请以人民币资本金购汇）；

2. 企业法人营业执照副本、经营证券业务许可证或基金管理公司法人许可证原件复印件；

3. 公司章程、外资参股合同或协议；

4. 公司外汇业务内控制度和外汇资金管理制度；

5. 外汇高级管理人员的简历及相关资格证明；

6. 公司上一年度审计报告，成立时间不足一年的公司提供会计师事务所出具的验资报告；

7. 北京外汇管理部要求的其他相关材料。

上述所有书面材料需加盖单位公章。

B. 证券公司、基金管理公司更换外汇经营许可证

【业务说明】

辖内证券公司、基金管理公司应在证券业务外汇经营许可证期满前 3 个月向北京外汇管理部提出换证申请，取得批复文件后 20 个工作日内持原证券业务外汇经营许可证到国家外汇管理局领取新证。

【办理依据】

1.《非银行金融机构外汇业务管理规定》（1992）；

2.《人民银行公告［2006］第 5 号》；

3.《国家外汇管理局关于基金管理公司境外证券投资外汇管理有关问题的通知》（汇发［2006］46号）；

4.《国家外汇管理局关于调整部分资本项目外汇业务审批权限的通知》（汇发［2009］21号）。

【办理流程及时限】

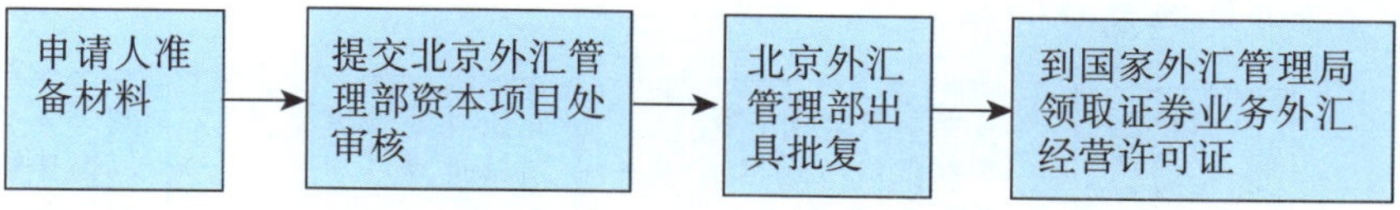

办理时限：申请材料齐备之日起20个工作日内。

【提交材料】

1. 书面申请（公司基本情况、申请事项等）；
2. 近3年的外汇业务经营和外汇管理法规执行情况总结报告；
3. 原证券业务外汇经营许可证正本复印件；
4. 外汇资本金验资报告，经会计师事务所审计的近3年公司审计报告（含人民币、外币资产负债表和损益表、外币财务报表）；
5. 北京证监局出具的对该公司继续经营外汇业务的无异议函；
6. 公司外汇业务内控制度和外汇资金管理制度；
7. 北京外汇管理部要求的其他相关材料。

上述所有书面材料需加盖单位公章。

C. 证券公司、基金管理公司外汇业务市场退出申请

【业务说明】

辖内证券公司、基金管理公司终止外汇业务，应向北京外汇管理部提出外汇业务市场退出申请。自收到北京外汇管理部批复之日起20个工作日内向国家外汇管理局缴销证券业务外汇经营许可证。

【办理依据】

1.《非银行金融机构外汇业务管理规定》（1992）；

2. 《人民银行公告［2006］第5号》；

3. 《国家外汇管理局关于基金管理公司境外证券投资外汇管理有关问题的通知》（汇发［2006］46号）；

4. 《国家外汇管理局关于调整部分资本项目外汇业务审批权限的通知》（汇发［2009］21号）。

【办理流程及时限】

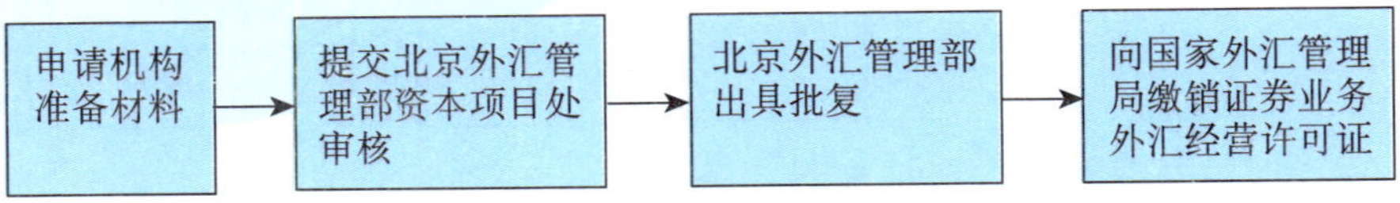

办理时限：申请材料齐备之日起20个工作日内。

【提交材料】

1. 书面申请（终止原因、外汇资产清理情况、终止后债权债务处理措施等）；

2. 公司董事会同意终止外汇业务的决议（需要主管部门批准的，同时提供批复文件）；

3. 证券业务外汇经营许可证或基金管理公司法人许可证正本复印件；

4. 经会计师事务所审计的近3年本外币财务报表；

5. 自有外汇资金账户对账单、销户凭证；

6. 北京外汇管理部要求的其他相关材料。

上述所有书面材料需加盖单位公章。

4.3.6 证券公司从事外币承销业务汇兑申请

【业务说明】

辖内证券公司在经营承销业务中可购汇补充外汇资本金，承销期结束后可将其购买而未使用的外汇，以及销售外币证券所得外汇资金中的购汇部分向北京外汇管理部申请结汇。

【办理依据】

《非银行金融机构外汇业务管理规定》（1992）

【办理流程及时限】

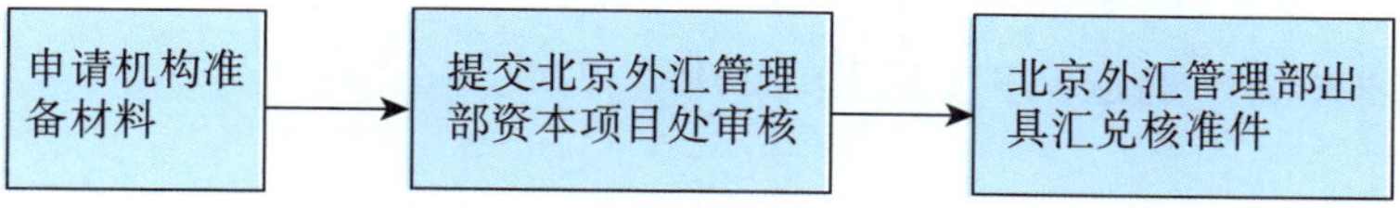

办理时限：申请材料齐备之日起 20 个工作日内。

【提交材料】

一、承销购汇

1. 书面申请；
2. 承销协议或合同；
3. 公司当期自有外汇账户银行对账单；
4. 自有外汇资金使用情况说明；
5. 北京外汇管理部要求的其他相关材料。

二、承销结束后结汇

1. 书面申请；
2. 承销情况报告；
3. 公司当期自有外汇账户银行对账单；
4. 承销账户开立情况及对账单；
5. 北京外汇管理部要求的其他相关材料。

上述所有书面材料需加盖单位公章。

第四节（4.4） 个人本外币兑换特许机构

4.4.1 申请经营个人本外币兑换特许业务

【业务说明】

辖内非金融机构为境内外个人办理的人民币与外币之间的货币兑换

业务，应向北京外汇管理部申请。

【办理依据】

1.《个人外汇管理办法》（中国人民银行令［2006］第3号）；

2.《国家外汇管理局关于印发〈个人本外币兑换特许业务试点管理办法〉的通知》（汇发［2012］27号）。

【办理流程及时限】

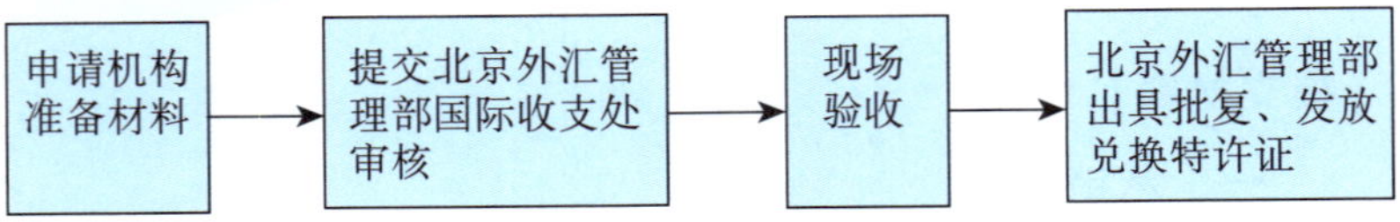

办理时限：验收合格之日起20个工作日内。

【提交材料】

一、筹备

1. 书面申请；
2. 筹备工作方案及相关人员名单、简历；
3. 营业执照副本（含网点）、组织机构代码证及其复印件；
4. 上年度经审计的会计报告；
5. 不少于2名拟任职的高级管理人员资历的证明材料；
6. 每一网点不少于2名工作人员资历的证明材料；
7. 个人本外币兑换特许业务系统的说明材料；
8. 适合从事特许业务的经营场所及其他软硬件设施的说明材料；
9. 经营外币代兑业务6个月以上的总结报告及在申请前6个月内办理代兑业务达到最低兑换金额和兑换笔数标准的证明材料；
10. 相关管理制度（特许系统操作规程，个人结售汇系统操作规程，外币兑换牌价管理、备付金管理、现钞管理、会计核算、统计报告、风险及相应内控管理、凭证和档案印章管理等制度）；
11. 北京外汇管理部要求的其他相关材料。

上述所有书面材料需加盖单位公章。

二、开办

1. 书面申请；
2. 筹备工作总结报告；
3. 营业场所所有权或使用权的证明材料；
4. 满足安保需要的相关说明材料；
5. 满足接入个人结售汇系统技术条件的说明材料；
6. 北京外汇管理部要求的其他相关材料。

上述所有书面材料需加盖单位公章。

【注意事项】

1. 筹备期为批准之日起 3 个月。未能按期筹备的，应在筹备期限届满前 1 个月内向北京外汇管理部提交延期申请；

2. 筹备期届满前需提交开办业务申请，逾期未提交的，原筹备批准文件失效；

3. 辖内非金融机构应在收到开办业务批复后 30 个工作日内，与原外币代兑业务授权银行解约，终止外币代兑业务资格；

4. 辖内非金融机构获得特许业务经营资格后，不得在同城兼营外币代兑业务；

5. 辖内非金融机构应在收到开办业务批准文件后，应按照国家有关规定及时办理营业执照的变更登记手续；

6. 辖内非金融机构自变更登记后起 3 个月内未能开办业务的，原开办批准文件失效。该机构应在时限届满后 10 个工作日内向北京外汇管理部缴销兑换特许证，由北京外汇管理部予以公告；

7. 特许机构主动终止特许业务的，应在终止业务后 10 个工作日内，向北京外汇管理部缴销兑换特许证，并及时到工商行政管理部门变更或注销登记的手续；

8. 特许机构应按照要求向北京外汇管理部报送相关报表。

4.4.2 金融机构代码及标识码申领、维护

此项业务参见 1.1

4.4.3 外币备付金账户开立

【业务说明】

备付金是指特许机构办理兑换业务形成的库存现钞，以及通过在银行开立备付金账户存储的用于兑换业务的资金。辖内特许机构应向北京外汇管理部申请在银行开立外币备付金账户。

【办理依据】

《国家外汇管理局关于印发〈个人本外币兑换特许业务试点管理办法〉的通知》（汇发［2012］27号）。

【办理流程及时限】

办理时限：申请材料齐备之日起20个工作日内。

【提交材料】

1. 书面申请；
2. 北京外汇管理部要求的其他相关材料。

上述所有书面材料需加盖单位公章。

【注意事项】

1. 特许机构可选择在包括其基本户开户银行在内，原则上不多于3家同城银行开立外币备付金账户；

2. 外币备付金账户按外币现钞账户管理，可根据需要存提现钞；

3. 特许机构应在开立外币备付金账户时向开户银行申请开立与外币备付金账户对应的人民币备付金账户。

4.4.4 个人结售汇管理信息系统接入申请

【业务说明】

辖内个人本外币兑换特许机构取得国际收支处出具的批复文件后，向经常项目管理处申请加入个人结售汇系统。

此项业务办理参见 1.5.4。

4.4.5 办理各类业务

A. 新增同城网点

【业务说明】

辖内新设特许机构或分支机构持续经营 6 个月以上，可向北京外汇管理部申请新增同城网点，每次申请不多于 3 个。

【办理依据】

《国家外汇管理局关于印发〈个人本外币兑换特许业务试点管理办法〉的通知》（汇发［2012］27 号）。

【办理流程及时限】

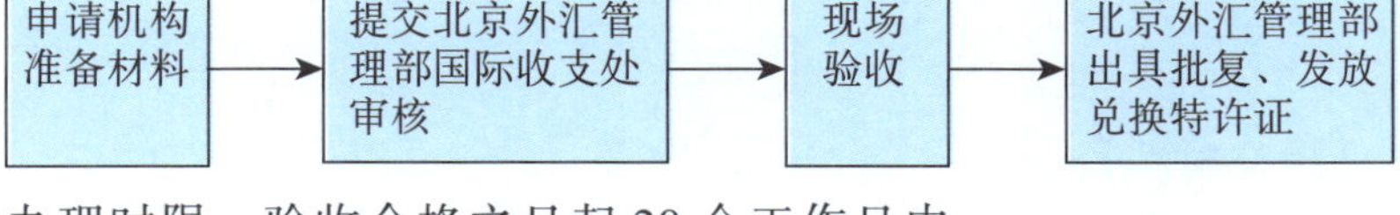

办理时限：验收合格之日起 20 个工作日内。

【提交材料】

1. 书面申请；
2. 工作方案及相关人员名单、简历；
3. 营业执照副本（含网点）、组织机构代码证及复印件；

4. 每一网点不少于2名工作人员资历的证明材料；
5. 适合从事特许业务的经营场所及其他软硬件设施的说明材料；
6. 北京外汇管理部要求的其他相关材料。

上述所有书面材料需加盖单位公章。

【注意事项】

1. 继续新增网点应在上次新款网点获准经营3个月后方能申请；
2. 新增网点筹备期和申请开办业务的管理同新设特许机构管理。

B. 申请在全国范围内经营特许业务

【业务说明】

辖内特许机构具备条件时可向北京外汇管理部申请在全国范围内经营业务。

【办理依据】

《国家外汇管理局关于印发〈个人本外币兑换特许业务试点管理办法〉的通知》（汇发［2012］27号）。

【办理流程及时限】

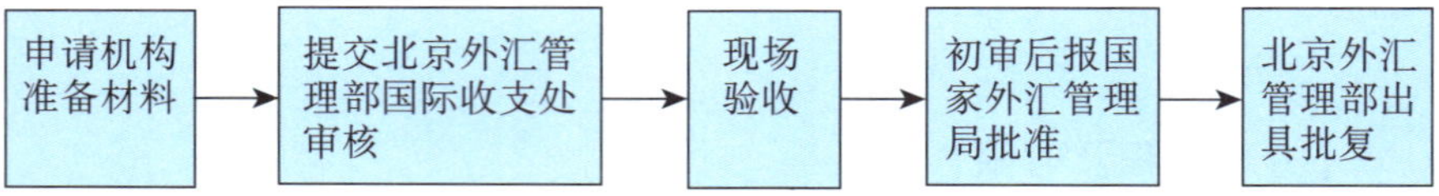

办理时限：收到国家外汇管理局批复之日起20个工作日内。

【提交材料】

1. 书面申请；
2. 业务发展情况总结及未来拓展规划；
3. 营业执照副本、组织机构代码证及复印件；
4. 达到全国性经营最低标准的网点数及业务量的证明材料；
5. 对跨区域分支机构进行管理的规章制度和软硬件设施的说明材料；
6. 北京外汇管理部要求的其他相关材料。

上述所有书面材料需加盖单位公章。

C. 跨区域在京新增分支机构

【业务说明】

其他地区特许机构获准在全国范围内经营后，拟在北京新增分支机构的，应向北京外汇管理部提交申请，并可附带为原外币代兑点或不多于3个新设网点申请经营资格。

【办理依据】

《国家外汇管理局关于印发〈个人本外币兑换特许业务试点管理办法〉的通知》（汇发［2012］27号）。

【办理流程】

申请机构准备材料 → 提交北京外汇管理部国际收支处审核 → 现场验收 → 北京外汇管理部出具批复、发放兑换特许证

【提交材料】

1. 书面申请；
2. 特许机构总部对拟设分支机构开办特许业务的授权文件；
3. 特许机构总部所在地外汇分局对设立分支机构的无异议函；
4. 获准全国经营的批复文件复印件；
5. 工作方案及相关人员名单、简历；
6. 营业执照副本（含网点）、组织机构代码证及复印件；
7. 上年度经审计的会计报告；
8. 不少于2名拟任职的高级管理人员资历的证明材料；
9. 每一网点不少于2名工作人员资历的证明材料；
10. 个人本外币兑换特许业务系统的说明材料；
11. 适合从事特许业务的经营场所及其他软硬件设施的说明材料；
12. 相关管理制度（特许系统操作规程、个人结售汇系统操作规

程、外币兑换牌价管理、备付金管理、现钞管理、会计核算、统计报告、风险及相应内控管理、凭证和档案印章管理等制度)；

13. 北京外汇管理部要求的其他相关材料。

上述所有书面材料需加盖单位公章。

D. 信息变更

【业务说明】

辖内特许机构在持续经营特许业务期间发生名称、注册资本、经营场所、股东、组织形式、高级管理人员等事项变更的，应事前向北京外汇管理部备案。

【办理依据】

《国家外汇管理局关于印发〈个人本外币兑换特许业务试点管理办法〉的通知》(汇发［2012］27号)。

【办理流程及时限】

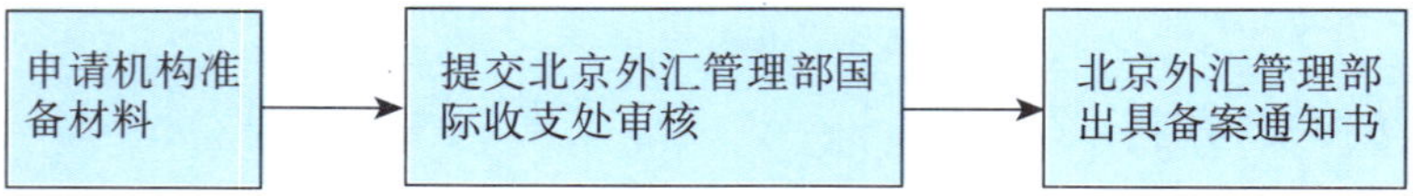

办理时限：申请材料齐备之日起20个工作日内。

【提交材料】

1. 书面申请；
2. 拟变更事项的说明文件及必要证明文件；
3. 北京外汇管理部要求的其他相关材料。

上述所有书面材料需加盖单位公章。

E. 申请换发兑换特许证

【业务说明】

辖内特许机构发生名称变更、经营场所变更、兑换特许证破损或遗失等情形，应向北京外汇管理部申请换发兑换特许证。

【办理依据】

《国家外汇管理局关于印发〈个人本外币兑换特许业务试点管理办法〉的通知》（汇发［2012］27号）。

【办理流程及时限】

办理时限：申请材料齐备之日起20个工作日内。

【提交材料】

1. 书面申请；

2. 信息变更备案通知书、兑换特许证原件或发布在指定报纸上的遗失声明原件；

3. 北京外汇管理部要求的其他相关材料。

上述所有书面材料需加盖单位公章。

F. 申请使用外币兑换机

此项业务参见1.6.3 B.

第五节（4.5） 信托公司

4.5.1 开立外汇资本金账户

此项业务办理参见4.8.1。

4.5.2 购汇补充外汇资本金

此项业务办理参见 4.8.2。

4.5.3 外汇资本金结汇

此项业务办理参见 4.8.3。

4.5.4 外汇利润结汇

此项业务办理参见 4.8.4。

4.5.5 受托境外理财业务投资付汇额度的申请

【业务说明】

由北京银监局监管的信托公司，其受托境外理财业务投资付汇额度应向北京外汇管理部申请，初审后报国家外汇管理局审批。

【办理依据】

1.《中国人民银行公告［2006］第 5 号》；

2.《中国银行业监督管理委员会、国家外汇管理局关于印发〈信托公司受托境外理财业务管理暂行办法〉的通知》（银监发［2007］27 号）。

【办理流程及时限】

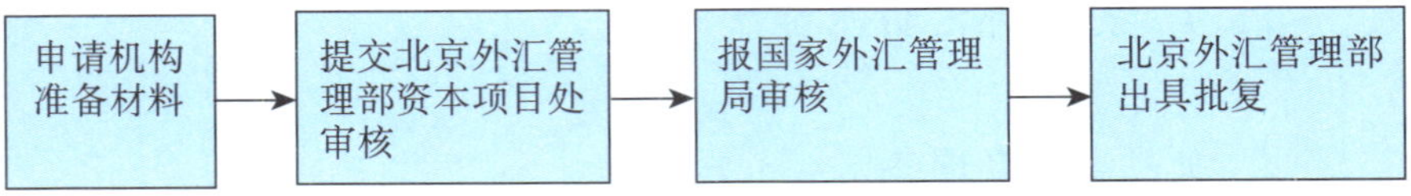

办理时限：北京外汇管理部收到总局批复之日起 20 个工作日内。

【提交材料】

1. 书面申请（申请人的基本情况、拟申请投资付汇额度、单一受托境外理财信托产品或集合受托境外理财信托计划情况等）；

2. 中国银监会的业务资格批准文件原件及复印件；

3. 托管协议或合同；

4. 拟与委托人签订的信托合同范本（包括双方的权利义务及收益、风险承担等相关内容）；

5. 相关内部管理制度；

6. 北京外汇管理部要求的其他相关材料。

上述所有书面材料需加盖单位公章。

第六节（4.6） 合格境外机构投资者（QFII）

4.6.1 开放式中国基金资金申购、赎回资金汇兑备案、申请

【业务说明】

QFII 开放式中国基金资金每次汇入结汇金额不超过等值 5000 万美元（含）且托管人为辖内机构的，自行办理后应向北京外汇管理部备案；超过等值 5000 万美元，需提前 10 个工作日向北京外汇管理部提出核准申请。

QFII 开放式中国基金资金每次购汇汇出金额不超过等值 5000 万美元（含）且托管人为辖内机构的，自行办理后应向北京外汇管理部备案；超过等值 5000 万美元，需提前 10 个工作日向北京外汇管理部提出核准申请。

【办理依据】

1.《合格境外机构投资者境内证券投资管理办法》（中国证券监督管理委员会、中国人民银行、国家外汇管理局 2006 年第 36 号令）；

2.《合格境外机构投资者境内证券投资外汇管理暂行规定》（国家

外汇管理局2002年第2号公告）；

3.《合格境外机构投资者境内证券投资外汇管理规定》征求意见稿；

4.《国家外汇管理局综合司关于QFII外汇管理操作问题的通知》（汇综发［2003］124号）；

5.《国家外汇管理局关于调整部分资本项目外汇业务审批权限的通知》（汇发［2009］21号）。

【办理流程及时限】

申请机构准备材料 → 提交北京外汇管理部资本项目处审核 → 北京外汇管理部办理备案、出具核准件

办理时限：申请材料齐备之日起20个工作日内。

【提交材料】

1. 书面申请（或事前报备材料）；
2. QFII外汇登记证复印件；
3. 汇出入资金情况详细说明及相关证明材料；
4. 北京外汇管理部要求的其他相关材料。

上述所有书面材料需加盖单位公章。

【注意事项】

券商差错交易导致的QFII损失赔偿款应由发生差错的券商向北京外汇管理部提出汇出申请。

4.6.2 合格境外机构投资者（QFII）收益汇出（开放式中国基金除外）

【业务说明】

辖内合格境外机构投资者（QFII）收益汇出（开放式中国基金除外）应向北京外汇管理部提出核准申请。

【办理依据】

1.《合格境外机构投资者境内证券投资管理办法》（中国证券监督管理委员会、中国人民银行、国家外汇管理局2006年第36号令）；

2.《合格境外机构投资者境内证券投资外汇管理暂行规定》（国家外汇管理局2002年第2号公告）；

3.《国家外汇管理局综合司关于QFII外汇管理操作问题的通知》（汇综发［2003］124号）；

4.《国家外汇管理局关于调整部分资本项目外汇业务审批权限的通知》（汇发［2009］21号）；

5.《关于服务贸易等项目对外支付提交税务证明有关问题的通知》（汇发［2008］64号）。

【办理流程及时限】

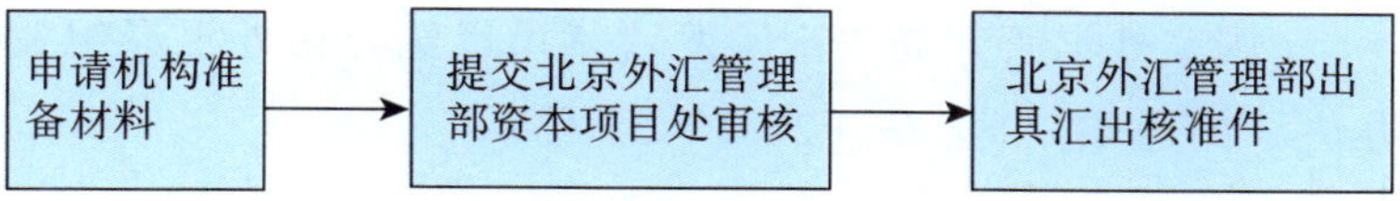

办理时限：申请材料齐备之日起20个工作日内。

【提交材料】

1. QFII及托管人书面申请；
2. QFII决定汇出收益的相关证明文件；
3. QFII外汇登记证复印件；
4. 中国注册会计师出具的审计报告和经审计的合格境外机构投资者境内证券投资年度财务报表（一）、（二）；
5. 可汇出的资金情况说明；
6. 向境外单笔支付等值3万美元以上（不含等值3万美元）的，应提交主管税务机关出具的税务证明；
7. 北京外汇管理部要求的其他相关材料。

上述所有书面材料需加盖单位公章。

【注意事项】

托管人应准确、及时在 QFII 外汇登记证上记录其资金的汇兑情况。

第七节（4.7） 货币经纪公司

4.7.1　货币经纪公司业务准入申请

【业务说明】

辖内货币经纪公司申请开展外汇经纪业务，应通过北京外汇管理部向国家外汇管理局申请。

【办理依据】

《国家外汇管理局关于印发〈货币经纪公司外汇经纪业务管理暂行办法〉的通知》（汇发［2008］55 号）。

【办理流程及时限】

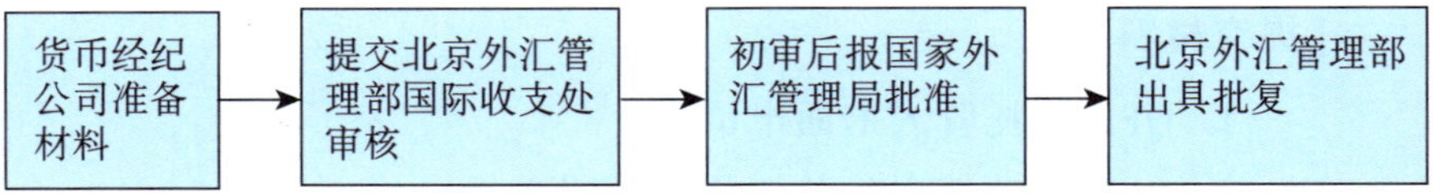

办理时限：收到国家外汇管理局批复之日起 20 个工作日内。

【提交材料】

1. 书面申请；
2. 银行业监督管理机构批准货币经纪公司设立的文件复印件；
3. 金融许可证副本复印件；
4. 货币经纪公司章程和股东结构；
5. 货币经纪公司董事、外汇经纪业务高级管理人员、部门主要负责人的名单、详细履历及任职资格证明材料；

6. 外汇经纪业务操作规程、内部风险控制制度、信息披露制度及道德操守规范；

7. 由货币经纪公司法定代表人出具的申请材料真实性声明；

8. 申请之日起前1年内合规经营情况；

9. 由中国外汇交易中心出具的符合报价信息、成交信息等相关信息传输的硬件和网络条件的证明；

10. 仅申请开展人民币对外汇衍生产品交易经纪业务以外的外汇经纪业务的，无需提供第8项、第9项申请材料；

11. 北京外汇管理部要求的其他相关材料。

上述所有书面材料需加盖单位公章。

【注意事项】

1. 货币经纪公司应在每月结束后5个工作日内向北京外汇管理部报告外汇经纪业务月报表和月度总结报告；

2. 单笔人民币对外汇衍生产品交易经纪业务超过等值5000万美元（含），应于交易后下一个工作日向北京外汇管理部事后报备；

3. 货币经纪公司外汇经纪业务系统、风险管理系统等发生重大变动或发现市场交易异常情况应及时向国家外汇管理局报告；

4. 经营外汇经纪业务的货币经纪公司控股股东重组、股权变更，董事、高级管理人员发生人事变动，应于相应事项发生之日起3个工作日内向国家外汇管理局报告；

5. 货币经纪公司终止外汇经纪业务，应提前30个工作日向国家外汇管理局提出书面申请。

第八节（4.8） 其他非银行金融机构

4.8.1 外资参股非银行金融机构（不含保险机构、财务公司）开立外汇资本金账户的核准

【业务说明】

辖内外资参股非银行金融机构开立外汇资本金账户应向北京外汇管

理部提出核准申请。

【办理依据】

1.《国家外汇管理局关于外资参股基金管理公司有关外会管理问题的通知》（汇发［2003］44 号）；

2.《国家外汇管理局关于汽车金融公司有关外汇管理问题的通知》（汇发［2004］72 号文）。

【办理流程及时限】

办理时限：申请材料齐备之日起 20 个工作日内。

【提交材料】

1. 书面申请（包括公司基本情况、开户银行等）；

2. 相关主管部门同意其成立或开业的批复；汽车金融公司提供中国银监会同意其筹建的批复；

3. 商务部门颁发的外商投资企业批准证书复件及复印件（外资参股基金管理公司提供）；

4. 国家工商行政管理部门颁发的名称预先核准通知书原件及复印件；

5. 除外商独资机构外，各机构应提供中外各方合资协议（或合同）；

6. 境外股东认购境内已设立的金融机构股权而变更的外资参股非银行金融机构，可持认购股份协议、主管部门的批准文件等，向所在地外汇局申请开立外汇资本金账户，外资参股基金管理公司还应提供商务部门批准证书；

7. 北京外汇管理部要求的其他相关材料。

上述所有书面材料需加盖单位公章。

4.8.2 非银行金融机构（不含保险机构）购汇补充外汇资本金

【业务说明】

辖内非银行金融机构开办外汇业务需购汇补充外汇资本金的，应向北京外汇管理部提出申请。

【办理依据】

1.《非银行金融机构外汇业务管理规定》(1992)；

2.《国家外汇管理局关于信托投资公司购汇补充外汇资本金有关问题的通知》(汇发［2001］159号)；

3.《国家外汇管理局关于下放部分资本项目外汇业务审批权限有关问题的通知》(汇发［2005］63号)。

【办理流程及时限】

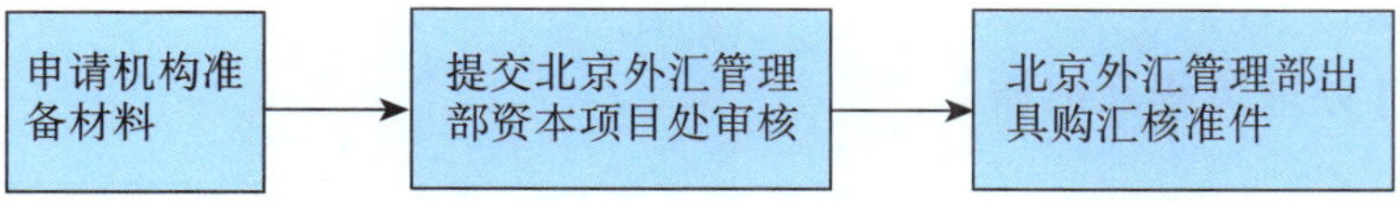

办理时限：申请材料齐备之日起20个工作日内。

【提交材料】

1. 书面申请（公司基本情况、购汇原因等）；
2. 申请前一日公司自有外汇账户（含外资参股非银行金融机构外汇资本金账户）银行对账单；
3. 相关监管部门同意其变更外汇资本金的批复文件（证券公司除外）；
4. 金融许可证原件及复印件；
5. 企业营业执照副本和组织机构代码证原件及复印件；
6. 最近一期资本金验资报告；
7. 北京外汇管理部要求的其他相关材料。

上述所有书面材料需加盖单位公章。

4.8.3 非银行金融机构（不含保险机构）外汇资本金结汇

【业务说明】

辖内非银行金融机构外汇资本金结汇应向北京外汇管理部提出申请。

【办理依据】

1.《非银行金融机构外汇业务管理规定》（1992）；

2.《国家外汇管理局关于外资参股基金管理公司有关外汇管理问题的通知》（汇发［2003］44号）；

3.《国家外汇管理局关于汽车金融公司有关外汇管理问题的通知》（汇发［2004］72号）；

4.《国家外汇管理局关于下放部分资本项目外汇业务审批权限有关问题的通知》（汇发［2005］63号）。

【办理流程及时限】

办理时限：申请材料齐备之日起20个工作日内。

【提交材料】

1. 书面申请（公司基本情况、结汇原因等）；
2. 结汇资金用途凭证或说明；
3. 申请前一日自有外汇账户（含外资参股非银行金融机构外汇资本金账户）与人民币账户银行对账单；
4. 最近一期外汇资本金验资报告；
5. 北京外汇管理部要求的其他相关材料。

上述所有书面材料需加盖单位公章。

4.8.4 非银行金融机构（不含保险机构）外汇利润结汇

【业务说明】

辖内非银行金融机构外汇利润结汇应在每个会计年度结束后4个月内向北京外汇管理部提出申请。外汇资本金不足的，应首先补足资本金。

【办理依据】

1. 《中华人民共和国外汇管理条例》（国务院2008第532号令）；
2. 《非银行金融机构外汇业务管理规定》；
3. 《国家外汇管理局关于下放部分资本项目外汇业务审批权限有关问题的通知》（汇发［2005］63号）。

【办理流程及时限】

申请机构准备材料 → 提交北京外汇管理部资本项目处审核 → 北京外汇管理部出具结汇核准件

办理时限：申请材料齐备之日起20个工作日内。

【提交材料】

1. 书面申请（公司基本情况、近年盈利情况等）；
2. 经会计师事务所审计的公司本外币财务报表；
3. 董事会关于利润分配的决议；
4. 完税证明；
5. 申请前一日自有外汇资金账户对账单；
6. 北京外汇管理部要求的其他相关材料。

上述所有书面材料需加盖单位公章。

第九节（4.9） 其他机构常见违规行为及适用罚则

一、违反规定将境内外汇转移境外，或者以欺骗手段将境内资本转移境外等逃汇行为，适用《中华人民共和国外汇管理条例》第三十九条“由外汇管理机关责令限期调回外汇，处逃汇金额30%以下的罚款；情节严重的，处逃汇金额30%以上等值以下的罚款；构成犯罪的，依法追究刑事责任”；

二、违反规定以外汇收付应当以人民币收付的款项，或以虚假、无效的交易单证等向经营结汇、售汇业务的金融机构骗购外汇等非法套汇行为，适用《中华人民共和国外汇管理条例》第四十条“由外汇管理机关责令对非法套汇资金予以回兑，处非法套汇金额30%以下的罚款；情节严重的，处非法套汇金额30%以上等值以下的罚款；构成犯罪的，依法追究刑事责任”；

三、违反规定将外汇汇入境内行为，适用《中华人民共和国外汇管理条例》第四十一条“由外汇管理机关责令改正，处违法金额30%以下的罚款；情节严重的，处违法金额30%以上等值以下的罚款。非法结汇的，责令对非法结汇资金予以回兑，处违法金额30%以下的罚款”；

四、擅自对外借款、在境外发行债券或者提供对外担保等违反外债管理行为，适用《中华人民共和国外汇管理条例》第四十三条“由外汇管理机关给予警告，处违法金额30%以下的罚款”；

五、违反规定，擅自改变外汇或者结汇资金用途行为，适用《中华人民共和国外汇管理条例》第四十四条“由外汇管理机关责令改正，没收违法所得，处违法金额30%以下的罚款；情节严重的，处违法金额30%以上等值以下的罚款”；

六、违反规定以外币在境内计价结算或者划转外汇等非法使用外汇行为，适用《中华人民共和国外汇管理条例》第四十四条“由外汇管理机关责令改正，给予警告，可以处违法金额30%以下的罚款”；

七、未经批准擅自经营结汇、售汇业务行为，适用《中华人民共和国外汇管理条例》第四十六条“由外汇管理机关责令改正，有违法所得的，没收违法所得，违法所得50万元以上的，并处违法所得1倍以上5倍以下的罚款；没有违法所得或者违法所得不足50万元的，处50万元以上200万元以下的罚款；情节严重的，由有关主管部门责令停业整顿或者吊销业务许可证；构成犯罪的，依法追究刑事责任”；

八、未经批准经营结汇、售汇业务以外的其他外汇业务行为，适用《中华人民共和国外汇管理条例》第四十六条“由外汇管理机关或者金融业监督管理机构依照前款规定予以处罚”；

九、办理经常项目资金收付未对交易单证的真实性及其与外汇收支的一致性进行合理审查，违反规定办理资本项目资金收付，违反规定办理结汇、售汇业务，违反外汇业务综合头寸管理，违反外汇市场交易管理等行为，适用《中华人民共和国外汇管理条例》第四十七条“由外汇管理机关责令限期改正，没收违法所得，并处20万元以上100万元以下的罚款；情节严重或者逾期不改正的，由外汇管理机关责令停止经营相关业务”；

十、未按照规定进行国际收支统计申报；未按照规定报送财务会计报告、统计报表等资料；未按照规定提交有效单证或者提交的单证不真实；违反外汇账户管理规定；违反外汇登记管理规定；拒绝、阻碍外汇管理机关依法进行监督检查或者调查等行为，适用《中华人民共和国外汇管理条例》第四十八条“由外汇管理机关责令改正，给予警告，对机构可以处30万元以下的罚款，对个人可以处5万元以下的罚款”；

十一、根据《中华人民共和国外汇管理条例》第四十九条“境内机构违反外汇管理规定的，除依照本条例给予处罚外，对直接负责的主管人员和其他直接责任人员，应当给予处分；对金融机构负有直接责任的董事、监事、高级管理人员和其他直接责任人员给予警告，处5万元以上50万元以下的罚款；构成犯罪的，依法追究刑事责任”。

附录：

在银行直接办理的外汇业务目录

一、个人业务

1. 个人办理外币账户开户业务
2. 个人办理外币现钞类业务
   （1）存钞业务
   （2）提钞业务
3. 个人办理携带外币现钞出境业务
4. 个人办理结售汇业务
   （1）结汇业务
   （2）售汇业务
5. 个人办理境外汇款业务
   （1）外汇储蓄账户内汇出（经常项目）
   （2）手持外币现钞汇出（经常项目）
6. 个人办理境内划转业务
   （1）本人储蓄账户间资金划转（同户名）
   （2）与其直系亲属储蓄账户间资金划转
   （3）储蓄账户与结算账户间资金划转
7. 个人办理代办结售汇业务
   （1）代办年度总额内的结售汇
   （2）代办超年度总额的结售汇
8. 个人购买 B 股，进行权益类、固定收益类以及国家批准的其他金融投资业务
9. 个人购买境内商业银行发行的外币或人民币理财产品
10. 个人办理服务贸易项下对外支付的业务

11. 个人办理资产变现账户的开户、收汇和结汇
12. 境外个人、港澳台居民和华侨购买境内商品房结汇
13. 国际收支统计申报
   （1）涉外收入申报
   （2）境内收入申报
   （3）境外付款申报
   （4）境内汇款申报

二、企业业务

1. 贸易类业务
   （1）经常项目外汇账户开立、变更及关闭
   （2）A、B、C 类企业办理进口付汇
   （3）A、B、C 类企业办理出口收汇
   （4）转口贸易收、付汇
   （5）服务贸易收、付汇
2. 外商直接投资
   （1）资本金账户，境内资产变现专用外汇账户，境内再投资专用账户，保证金专用外汇账户的开立、变更和注销
   （2）账户资金入账、结汇、划转
   （3）减资、转股、撤资、清算、利润汇出等项下购付汇
   （4）境外机构在境内设立的分支、代表机构和境外个人购买境内商品房结汇，将因未购得退回的人民币购房款购汇汇出
   （5）境外机构在境内设立的分支、代表处及境外个人转让境内商品房所得资金购付汇
3. 境外直接投资
   （1）境外直接投资资金汇出
   （2）境外投资前期费用资金购付汇、汇回
   （3）境外资产变现账户开立、注销
   （4）境外资产变现账户入账、结汇
   （5）境外直接投资利润入账、结汇
4. 境外放款
   （1）境外放款专用账户开立及注销

（2）境外放款资金划入境外放款专用账户

（3）境外放款资金付汇

（4）境内企业境外放款资金汇回入账

（5）境内公司境外放款收回资金划出境外放款专用账户

（6）境内公司境外放款专用账户结汇

5. 国内外汇贷款

（1）国内外汇贷款专用账户开立、变更和注销

（2）国内外汇贷款还本付息

6. 国际收支统计申报

（1）涉外收入纸质申报

（2）涉外收入网上申报

（3）境内收入申报

（4）境外付款申报

（5）境内汇款申报

（6）对外付款/承兑申报

（7）境内付款/承兑申报

（8）单位基本信息申报

三、其他业务

1. 向银行申请设立外币代兑机构
2. 向银行申请安装外币兑换机
3. 保险公司外汇账户开立、资金收付、变更和注销
4. 银行同业外汇账户开立、资金收付和注销

后 记

为积极探索落实外汇管理理念与方式的“五个转变”，进一步提升管理效能和服务水平，帮助各类用汇主体更好的理解、掌握和执行外汇管理政策，结合北京地区外汇管理工作实际，我们组织编写了《北京地区外汇业务办理指南》(以下简称《指南》)。

《指南》的编写工作得到了营业管理部领导的高度重视和北京外汇管理部各处室的大力支持。国家外汇管理局副局长、人民银行营业管理部主任李超亲自部署、确定编写思路，并为《指南》作序，单强副主任主持《指南》编写，全程指导了业务框架梳理和内容编排。北京外汇管理部综合业务处作为牵头处室，处长潘喜英、副处长汪征全力推进此项工作，包括组建写作团队、赴开展主体监管的兄弟分局取经、召开专题会研讨编排框架、审稿并向用汇主体广泛征求修改意见，最终促成了本书的圆满出版。国际收支处副处长金梅、经常项目处副处长韩芸、资本项目处副处长周丹、外汇检查处副处长江娟担任统稿人，负责各块具体业务内容的把关。

《指南》编写工作离不开多方帮助和支持。山东省分局、威海市中心支局对《指南》的主体框架提供了有益的经验参考；北京银行梁轩，中国银行北京分行王福来，花旗银行北京分行肖岚、韩津参加了《指南》的研讨、修改工作。辖内 18 家银行、企业、非银行金融机构从读者角度，反馈了可贵的意见和建议。

由于能力和水平所限，加上时间仓促，难免有疏漏和不足之处，敬请广大读者批评指正。

《北京地区外汇业务办理指南》编委会

2012 年 12 月